소크라테스, 법정에서 진리를 말하다

*일러두기

- 이 책은 플라톤의 작품 〈소크라테스의 변명〉과 〈크리톤〉을 참고하여 재구성하였습니다. 특히 법정에서 벌어지는 이야기는 〈소크라테스의 변명〉을 바탕으로 하였으며, 소크라테스의 사상을 잘 보여 주기 위해 소크라테스의 법정 발언은 색자로 강조하였습니다.
- 이 책에 등장하는 주요 인물인 소크라테스, 크리톤, 플라톤, 아니토스, 리콘, 멜레토스는 고대 그리스 아테네에서 실제로 활동했던 인물들입니다. 집사로 등장하는 막시스는 글의 재미와 이해를 돕기 위하여 창작한 가상의 인물임을 밝힙니다.

생생고전 08 소크라테스의 변명

소크라테스, 법정에서 진리를 말하다

펴낸날 초판 1쇄 발행 2025년 7월 5일

글쓴이 김철홍 | 그린이 다나
편집 박주미 | 디자인 김윤희 | 홍보마케팅 이귀애 이민정 | 관리 최지은 강민정
펴낸이 최진 | 펴낸곳 천개의바람 | 등록 제406-2011-000013호 | 주소 서울시 영등포구 양평로 157, 1406호
전화 02-6953-5243(영업), 070-4837-0995(편집) | 팩스 031-622-9413
사진자료 wikimedia, Shutterstock

ⓒ 김철홍·다나, 2025 | ISBN 979-11-6573-650-7 73100

* 이 책은 저작권법에 따라 보호받는 저작물이므로 무단전재와 무단복제를 금지하며,
  이 책 내용의 전부 또는 일부를 이용하려면 반드시 저작권자와 천개의바람의 서면 동의를 받아야 합니다.
* 잘못 만든 책은 구입하신 서점에서 바꾸어 드립니다. 천개의바람은 환경을 위해 콩기름 잉크를 사용합니다.
* 종이에 베이거나 긁히지 않도록 조심하세요. 책 모서리가 날카로우니 던지거나 떨어뜨리지 마세요.

제조자 천개의바람 **제조국** 대한민국 **사용연령** 8세 이상

소크라테스, 법정에서 진리를 말하다

김철홍 글 | 다나 그림

차례

머리말 ········ 6

등장인물 소개 ········ 8

1장 음모를 꾸미다 ········ 10

2장 반역죄로 고발되다 ········ 18

3장 법정에 서다 ········ 26

4장 너 자신을 알라 ········ 36

5장 법정 공방을 펼치다 ········ 46

6장 정의와 덕을 말하다 ········ 58

7장 첫 번째 판결, 유죄를 선고받다 ········ 68

8장 두 번째 판결, 사형을 선고받다 ········ 80

9장 크리톤, 탈옥을 제안하다 ········ 92

10장 진리를 지키고 죽음에 이르다 ········ 102

머리말

플라톤이 쓴 〈소크라테스의 변명〉은 소크라테스가 누명을 쓰고 재판을 받아 사형 선고를 받는 과정을 담은 이야기입니다. 2,400년 동안 수많은 사람들에게 읽히고 사랑받아 온 고전이지요.

우리 책《소크라테스, 법정에서 진리를 말하다》에는 플라톤의 작품 〈소크라테스의 변명〉과 〈크리톤〉의 내용이 담겨 있습니다. 〈소크라테스의 변명〉에서 소크라테스는 자신의 무죄를 주장하며 오히려 아테네 시민들이 자신을 보호하고 존중해야 한다고 변론합니다. 〈크리톤〉에서는 비록 국가가 자신에게 잘못된 판단을 하더라도 국가에서 살아온 사람은 국가의 법과 전통을 지켜야 한다고 주장하지요.

플라톤이 쓴 대부분의 책들은 대화체 형식으로 되어 있습니다. 플라톤이 스승인 소크라테스를 주인공으로 등장시켜 자신의 철학을 말하고 있기 때문이지요. 이에《소크라테스, 법정에서 진리를 말하다》에서도 대화체 형식을 활용해 소크라테스의 목소리를 생생하게 담으려 했습니다.

소크라테스는 그저 살아가는 것이 아니라, 훌륭하게 사는 것이 중요하다

고 말합니다. 그의 삶은 아는 것과 행동하는 것이 일치되는 삶, 그 자체였습니다. 그러나 민주주의가 가장 발달했던 아테네에서, 바로 그 민주주의에 의해 희생당한 소크라테스를 보며 민주주의를 다시 생각해 봅니다. 소크라테스가 죽은 후, 민주주의는 역사에서 한동안 사라졌다가 2,300년이 지나 다시 등장합니다. 인권, 자유, 평등이 존중받기 시작하는 20세기가 되어서야 민주주의가 다시 등장한 것을 보면, 민주주의란 그만큼 불안정하고 어려운 정치 제도라는 의미일 것입니다.

민주주의는 성숙한 시민의 힘으로 작동합니다. 민주주의는 민주적 절차에 따라 법과 제도가 제대로 시행될 때 강력한 힘을 발휘합니다. 그래서 어린이 여러분도 두 눈을 크게 뜨고, 항상 국가와 정치에 관심을 가져야 합니다.

어쩌면 이 깨달음과 실천을 전하기 위해 소크라테스는 죽음을 무릅쓰고 자신을 변론했는지도 모릅니다. 그리고 그것이야말로 〈소크라테스의 변명〉이 위대한 고전으로 남은 이유일 것입니다.

– 김철홍

등장인물 소개

소크라테스 (기원전 470년경~기원전 399년)

고대 그리스 아테네에서 활동한 철학자예요. 젊은 시절에는 전쟁에 참여했으며, 이후에는 아테네에서 철학자로 활발하게 활동했어요. 대화를 통해 상대방이 자신의 무지를 깨닫도록 이끌었어요. 정의와 진리, 덕을 강조했어요. 하지만 젊은이들을 타락시키고 아테네의 신을 믿지 않는다는 이유로 고발당해 재판을 받아요. 재판에서 배심원과 아테네 시민들을 상대로 변론을 펼치지만 결국 사형을 선고받아요.

크리톤

소크라테스와 어릴 때부터 친하게 지낸 친구예요. 아테네에서 손꼽히는 부자로, 고발당한 소크라테스를 돕기 위해 발 벗고 나서요. 소크라테스가 변론을 펼치는 내내 마음을 졸이며 재판을 지켜보지요. 소크라테스의 벌금을 대신 내주겠다고 나서요. 감옥에 갇힌 소크라테스에게 탈옥하여 다른 나라로 도망치라고 권하기도 해요.

막시스

크리톤 가문에 새로 들어온 집사예요. 크리톤을 수행하고 크리톤 집안의 일을 봐주어요. 크리톤을 따라 소크라테스 재판을 구경하게 되면서 소크라테스에 대해 알아 가요. 모르는 게 있으면 크리톤에게 질문하며 점차 철학과 아테네 정치 상황에 관심을 가져요.

플라톤 (기원전 428년경~기원전 347년경)

아테네에서 소크라테스를 따르는 제자 중 한 명이에요. 아테네의 이름 있는 집안에서 태어났으며 소크라테스가 고발당한 일을 계기로 본격적으로 철학자의 길을 걸어요. 플라톤의 본명은 '아리스토클레스'이고 '플라톤'은 '넓은 어깨'라는 뜻을 담은 별명이에요. 그만큼 건장한 체격을 가졌어요. 플라톤은 소크라테스의 재판을 꼼꼼하게 기록해, 그 내용을 〈소크라테스의 변명〉이라는 작품으로 남겼어요.

멜레토스

아테네에서 활동한 젊은 시인으로 정치적인 야망을 품고 있어요. 아니토스와 리콘의 지시에 따라 소크라테스를 고발해요. 재판에서 소크라테스와 공방을 벌이지만 소크라테스의 촘촘한 논리에 막혀 제대로 공격하지 못해요.

아니토스

가죽 다루는 일을 하는 무두장이 출신이에요. 하지만 큰 재산을 모아 나중에는 아테네에서 유명한 정치인이 되었어요. 한때는 소크라테스를 존경하며 그를 따르기도 했어요. 하지만 소크라테스가 아니토스에게 아들은 무두질 같은 단순한 일만 배우게 해서는 안 된다고 충고하자 자신을 무시한다고 생각해 소크라테스에게 앙심을 품어요.

리콘

아테네에서 활동한 정치가이자 웅변가예요. 소크라테스가 웅변가를 비난하는 말을 많이 하자 소크라테스에게 나쁜 감정을 가지고 있어요. 아니토스와 함께 멜레토스를 앞세워 소크라테스를 고발하게 만들어요.

1장
음모를 꾸미다

아직은 바람이 차가운 아테네의 봄밤. 밤하늘의 별 말고는 아무것도 보이지 않는다. 웅성웅성, 한 무리의 사람들이 목소리를 낮추며 아고라 시장 옆 골목으로 들어섰다. 어두컴컴한 골목의 벽을 손으로 짚으며 가다 어느 한 집에 멈춰 섰다. 아무도 없는 골목을 여러 차례 살피고 나서야 문을 열었다.

손을 더듬어 등불을 켜자 사람들의 모습이 서서히 드러났다. 아테네의 정치인 아니토스와 웅변가 리콘, 그리고 청년 시인 멜레토스. 세 사람의 얼굴에는 긴장과 분노, 흥분이 뒤섞여 있다.

아니토스 멜레토스, 리콘! 우리가 이제야 한자리에 모였군.

리콘 멜레토스, 자네 혹시 우리가 꾀하려는 일을 다른 사람에게 얘기한 건 아니겠지? 요새 청년들을 믿을 수가 없어서 말이지.

멜레토스 아닙니다! 저는 소크라테스를 덮어놓고 따르는 그런 청년들과는 다르다고요.

아니토스 역시 자네는 소크라테스 패거리와 다를 줄 알았어.

리콘 이번 일만 성공적으로 끝내면 멜레토스 자네는 아테네에서 이름을 드높일 수 있을 거야.

멜레토스 우리가 하는 일이 그 정도의 일인가요?

멜레토스가 어리둥절해 하자 아니토스가 눈을 가늘게 뜨며 소리 없이 웃었다.

아니토스 멜레토스, 자네는 소크라테스를 어떻게 생각하는가?

멜레토스 그야 못마땅하니까 이 자리에 와 있는 거 아니겠습니까! 소크라테스의 괴상한 대화법이 지금 아테네의 청년들을 망치고 있어요. 소크라테스가 무슨 술수를 쓰는지 모르겠지만 청년들을 홀리고 있는 게 분명합니다.

아니토스 맞아, 소크라테스는 사기꾼이야. 지식을 가르치지는 않고 질문만 퍼부어댈 뿐이거든. 소크라테스 그자도 아는 게 없어서 묻기만 하는 게 아닐까 싶다니까. 그래서 돈을 안 받는 걸지도 몰라.

리콘 그러면서 자기만 고상한 척, 돈을 받고 지식을 전하는 사람들을 비난하지.

세 사람은 소크라테스를 헐뜯는 데 죽이 척척 맞았다.

아니토스 소크라테스의 제자라는 사람들 말이야, 자기들이 뭐나 되는 척 아테네를 들쑤시고 있어. 이래 가지고는 아테네가 금세 혼란에 빠질 거야.

멜레토스 맞아요. 아테네 청년들이 나라를 위한답시고 비판의 목소리만 높인다니까요.

리콘 소크라테스는 아테네의 눈엣가시일 뿐이야. 소크라테스가 사라진다면 그 무리도 먼지처럼 흩어지겠지.

아니토스 소크라테스를 한 번에 무너뜨리기에는 더 강력한 무엇인가가 필요하단 말이지.

멜레토스 더 강력한 것이라면…….

멜레토스가 겁먹은 얼굴을 하자 아니토스와 리콘이 넌지시 눈을 맞췄다.

리콘 놀라지 말게, 멜레토스. 들리는 소문에 의하면 소크라테스가 아테네의 신을 믿지 않고 다른 이상한 신을 믿는다고 해.

멜레토스 네? 아테네가 정한 신을 안 믿는다고요?

아니토스 멜레토스, 그게 무엇을 의미하는 줄 아나?

아니토스가 술 한 모금을 삼키더니 낮은 목소리로 말했다.

아니토스 국, 가, 반, 역, 죄!

　아니토스의 입에서 '국가반역죄'라는 말이 나오자 멜레토스가 들고 있던 술잔을 떨어뜨릴 뻔했다.

멜레토스 국, 국, 국가반역죄라니, 그건 엄청난 중범죄잖아요.
리콘 그렇지. 소크라테스가 벌이는 일들은 국가를 배신하는 거나 다를 바 없어. 안 그렇소, 아니토스?
아니토스 맞소. 우리의 목적은 소크라테스를 아테네에서 완전히 제거하는 거야. 소크라테스를 국가반역죄로 고발하는 거지. 나라에서 정한 신을 믿지 않고 아테네의 젊은이들을 타락시킨다는 죄목으로 말이야.
리콘 그 정도 죄라면 사형을 제안해야겠지?
멜레토스 사, 사형이요?
아니토스 멜레토스 어떤가, 자네도 당연히 함께하겠지?
멜레토스 네? 네……. 하지만 소크라테스를 따르는 제자들이 많아 재판이 쉽지는 않을 텐데요.
리콘 걱정 말게. 죄야 만들면 되지 않겠는가! 크하하!

고대 그리스의 도시 국가

　그리스는 산지가 많고 평야가 적은 지역이에요. 대신 바다에 둘러싸여 있어 해안선을 따라 펼쳐진 평지에 촌락이 형성되었지요. 기원전 10세기경, 사람들은 촌락을 지키기 위해 산을 경계로 삼아 성과 요새를 세우고 집단생활을 했어요. 이렇게 이루어진 작은 공동체들은 점차 발달하여 저마다 독립적인 도시 국가가 되었어요. 이 도시 국가를 '폴리스'라고도 불러요.

아테네와 스파르타

고대 그리스의 여러 도시 국가 가운데 가장 대표적인 폴리스는 바로 아테네와 스파르타예요. 이 두 폴리스는 때로는 서로를 견제하고, 때로는 힘을 합치며 고대 그리스의 정세를 좌우했지요.

스파르타는 군사 강국이었어요. 그 결과, 만 명의 스파르타인들이 자신들보다 10배나 많은 노예들을 부리며 농사를 짓는 폴리스를 이루었어요. 반면 아테네는 해상 무역으로 상업이 발달한 도시 국가였어요. 페르시아 전쟁에서 승리한 후, 전통 강자인 스파르타와 신흥 강자로 떠오른 아테네의 충돌은 예견된 일이었지요.

고대 그리스는 아테네와 스파르타 등 여러 도시 국가로 나뉘어 있었지만, 같은 언어와 종교를 공유했어요. 이 때문에 도시 국가들은 세력 싸움을 벌이기도 했지만, 때로는 힘을 합치기도 했지요. 페르시아 제국이 그리스를 위협했을 때, 도시 국가들은 단합하여 그 침략을 막아 냈어요.

오늘날 올림픽의 기원이 된 '올림피아 제전'도 도시 국가들의 단합을 보여 주는 대표적인 예랍니다. 올림피아 제전은 제우스 신을 기리기 위해 4년에 한 번씩 올림피아에서 제사를 지내고 운동 경기를 열었어요. 이 기간에는 전쟁도 잠시 멈추고, 모두가 경기에 참여했답니다.

2장
반역죄로 고발되다

소크라테스는 '아테네의 젊은이들을 타락시키고 국가가 정한 신을 믿지 않는다'는 죄목으로 고발되었다. 고발자는 아니토스와 리콘, 그리고 멜레토스.

고발장이 접수되자 아테네는 벌집을 쑤신 듯 술렁였다. 시민들은 둘 이상만 모이면 소크라테스 고발 사건을 토론했다. 소크라테스를 지지하는 사람들과 그렇지 않은 사람들이 패를 갈라 싸움을 벌이는 일도 잦았다.

제법 훈훈한 바람이 부는 5월의 어느 아침. 아테네의 아고라 광장이 사람들로 북적였다. 소크라테스의 재판이 열리는 날이었다.

이른 새벽부터 수천 명의 사람들이 노예들에게 횃불을 들게 하고서 소크라테스의 재판을 보려고 몰려들었다. 이웃 도시 국가인 스파르타와 테베, 코린트, 테살리아 등에 사는 사람들도 재판을 보러 며칠에 걸쳐 아테네로 왔다.

소크라테스의 재판으로 사람들이 많이 몰릴 것을 알고는 시장 상

인들은 평소보다 훨씬 많은 물건을 쌓아 두었다. 아고라 광장 바깥까지도 좌판이 줄을 이었다. 아고라 광장은 재판을 구경하러 온 사람, 재판에서 배심원 역할을 하러 오는 시민, 물건을 파는 사람, 사는 사람 들이 모여 북새통을 이루었다.

소크라테스의 친구 크리톤이 빠른 걸음으로 아고라 광장에 들어섰다. 크리톤 집안의 새로운 집사 막시스가 크리톤을 뒤따랐다. 근심이 가득한 크리톤과 달리 막시스는 호기심 가득한 얼굴로 광장에 모인 사람들을 구경했다.

막시스 크리톤 어르신, 어르신!

크리톤 막시스, 서두르게.

막시스 어르신 걸음이 왜 이렇게 빠르십니까!

크리톤 어서 오게. 재판정이 잘 보이는 자리를 잡아야 하네.

막시스 그나저나 소크라테스가 얼마나 대단한 사람이기에 이렇게 많은 사람이 모이는 거랍니까?

크리톤 소크라테스가 내 어린 시절 친구지만 그가 누구라고 한마디로는 설명 못하겠네. 수다 그만 떨고 어서 가세.

막시스 어이쿠야, 소크라테스가 어르신의 친구라고요? 이제부터는 소크라테스 님이라고 깍듯하게 부르겠습니다요.

그때 함성이 들리더니 소크라테스가 시장 골목을 지나 광장 쪽으로 걸어왔다. 고발당해 재판을 받으러 온 사람답지 않게 맨발의 걸음걸이에는 여유가 넘치고 눈빛도 반짝반짝했다.

막시스 크리톤 어르신, 저렇게 못생긴 사람 하나 보려고 이렇게 많은 사람이 모인 겁니까?

크리톤 어허, 그게 무슨 버릇없는 소리야? 소크라테스가 내 친구라고 했던 말을 그새 잊었나? 그리고 아테네에서 가장 유명한 철학자한테 할 소리야?

막시스 죄, 죄송합니다, 어르신.

크리톤 흠흠, 소크라테스 저 친구 재판에 나오면서도 맨발일세. 재판 때만이라도 멀끔하게 나오라고 일렀거늘, 쯧쯧!

허름한 소크라테스 뒤로 옷을 단정하게 차려입은 청년들이 따랐다. 청년들의 모습에 눈이 휘둥그레진 막시스가 크리톤의 옷자락을 잡아당겼다.

막시스 어르신, 저기 뒤따르는 청년들은 소크라테스 님의 제자인가요? 어느 댁 자제분들인지 귀티가 잘잘 흐르는데요!

크리톤 음, 플라톤과 그 친구들이군. 제자라는 말은 맞을 수도 있고, 틀릴 수도 있지만.

막시스 무슨 뚱딴지 같은 소리예요? 맞으면 맞고, 틀리면 틀린 거지.

크리톤 소크라테스는 제자를 두지 않거든. 그저 저들이 소크라테스를 존경해서 스승으로 모시는 거지.

막시스 제자로 받아들이고 비싼 수업료를 받으면 좋잖아요. 학식 있다는 사람들은 다 그렇게 돈을 벌던데요! 소크라테스 님이 뭘 좀 모르시네요.

크리톤 소크라테스는 수업료를 받지 않아. 그저 아테네의 청년들이나 사람들에게 진리가 무엇인지 물어볼 뿐이지. 그저 묻기만 한다니까. 무엇을 아는지 말이야. 그래서 소크라테스와 대화를 하다 보면 상대방은 어느새 자신이 모른다는 것을 깨닫게 되지.

막시스 아는 게 뭐, 모르는 게 뭐요? 그런 알쏭달쏭한 얘기를 하는 철학자를 왜 좋아하는지 모르겠어요. 제 눈에는 그저 맨발에 누더기를 걸친 괴짜 노인 같은데 말이에요.

크리톤 겉모습만 보고 사람을 알 수가 있나? 소크라테스 저 친구 저래 보여도 아테네를 위해 전쟁에 세 번이나 나간 군인이야. 그런 사람을 국가반역죄로 고발하다니, 어찌 이럴 수가 있어?

재판정에 다다랐을 때 배심원들 자리는 대부분 차 있었다. 소크라테스는 재판장에게 재판 과정에 대한 설명을 듣고 있었다.

막시스 어르신, 저기 앉은 사람들이 모두 배심원들인가요? 규모가 엄청나네요.

크리톤 그리스 전체가 관심을 가질 만큼 중요한 재판이잖아.

막시스 소크라테스 님의 운명은 저 배심원들 손에 달린 건가요? 사형을 제안할 거라던데요?

크리톤 그래서 걱정인 거야. 나라가 어지러운 때일수록 정의를 세우고 진리를 밝히는 지혜로운 자가 필요해! 바로 소크라테스 같은 철학자 말일세. 소크라테스를 잃는 건 아테네에 커다란 손해야.

아테네와 민주주의

    고대 그리스의 도시 국가 중 가장 크고 번성했던 곳이 바로 아테네예요. '아테네'는 지혜와 전쟁의 신인 '아테나'에서 따온 이름인데, 지금도 그리스의 수도로 남아 있어요.

    아테네는 정치 제도가 특히 발달했어요. 아테네도 처음에는 다른 폴리스처럼 왕이 다스렸어요. 하지만 바다와 가까운 위치 덕분에 무역과 상공업이 발달하면서 평민들도 경제적으로 부유해지고, 전쟁에도 참여하게 되면서 정치적 권리를 요구하게 되지요. 이후 클레이스테네스라는 정치인이 등장하여 참주(독재자)를 몰아내고 아테네에 민주 정치의 토대를 세워요.

    그러다 페리클레스에 의해 아테네의 민주 정치는 최고의 전성기를 맞이해요. 아테네 시민은 시민 총회인 '민회'에서 나라의 중요한 일을 결정할 수 있었는데, 이때 '시민'에는 외국인과 노예, 여성은 포함되지 않았답니다.

아테네의 '아크로폴리스'는 '도시 꼭대기'라는 뜻을 가지고 있어요.

펠로폰네소스 전쟁

　아테네와 스파르타는 정치나 경제, 생활, 문화 면에서 다른 점이 많았어요. 해안에 위치한 아테네는 주로 무역을 하였고, 정치와 문화가 발달했어요. 스파르타는 땅이 비옥해 농사를 지었고, 군사력은 막강했지만 문화는 크게 발전하지 못했어요.
　아테네와 스파르타는 한때 페르시아 제국에 맞서기 위해 힘을 합치기도 했지만 그 이후 그리스의 지배권을 놓고 싸움을 벌여요.
　폴리스 전체가 아테네를 중심으로 한 델로스 동맹과 스파르타를 중심으로 한 펠로폰네소스 동맹으로 편을 갈라 27년간 전쟁을 벌이게 되는데, 이를 펠로폰네소스 전쟁이라고 불러요.
　전쟁에서 이긴 스파르타는 아테네의 민주정을 무너뜨리고 친스파르타 과두 정권(귀족 정권)을 세웁니다. 친스파르타 정권의 우두머리 크리티아스는 소크라테스의 제자이자 플라톤의 삼촌이었어요. 크리티아스는 막강한 권력을 이용해 아테네의 민주파 1,500여 명을 처형하고 수천 명을 추방하지요. 하지만 아테네는 8개월 만에 다시 민주정을 되살렸고, 스파르타를 따랐던 사람들에게 보복을 해요.
　이 과정에서 소크라테스는 크리티아스의 스승이었다는 이유로 비난받아요. 〈소크라테스의 변명〉은 정치적으로 혼란했던 이 시기에 일어났던 이야기랍니다.

3장
법정에 서다

 법정에는 500명의 배심원이 빙 둘러앉아 있었다. 법정 한가운데에는 소크라테스가 서 있고 맞은편에는 고발자 멜레토스, 멜레토스 뒤로는 아니토스와 리콘이 앉았다.
 재판을 보기 위해 아테네 시민들은 물론 이웃 나라 사람들까지 법정을 가득 채웠다. 방청석 한쪽에는 젊고 건장한 청년들이 한데 모여 소크라테스를 응원하고 있었다. 크리톤과 막시스도 청년들 가까이 앉았는데 마침 플라톤이 바로 옆에 있었다.

크리톤 플라톤, 자네가 상심이 크겠네. 소크라테스가 자네 칭찬을 많이 하던데.

플라톤 네, 소크라테스 스승님께 과분한 사랑을 받았지요. 재판에서 스승님이 어떻게 될지 정말 걱정돼요.

크리톤 소크라테스 저 친구 꼿꼿한 성미를 아니 더욱 걱정일세. 그나저나 그 두루마리는 왜 챙겨 왔나?

플라톤 재판을 기록하려고요. 스승님의 말씀 한 자도 놓치지 않을 거예요.
크리톤 소크라테스가 플라톤 자네를 아낀 이유를 알겠어.

호기심 가득한 눈으로 법정을 두리번거리던 막시스가 크리톤을 불렀다.

막시스 크리톤 어르신, 저기 저 뻣뻣한 머리털에 매부리코를 가진 이가 고발자 멜레토스인가요?

크리톤 응, 맞네.

막시스 이야, 멜레토스 저 젊은이는 소크라테스 님을 상대로 유명해질 기회를 확실히 잡았네요. 멜레토스는 뭐 하는 사람이래요?

크리톤 시인이라고만 알려져 있지 다들 잘 모르던걸. 저 젊은이가 무슨 힘이 있겠나? 아니토스에게 조종당하는 꼭두각시 아니겠어!

이윽고 재판의 시작을 알리는 종소리가 울렸다. 재판장이 소크라테스와 멜레토스를 마주 보며 서게 했다. 재판장은 법정이 조용해지기를 기다렸다 멜레토스를 향해 말했다.

재판장 멜레토스는 소크라테스를 고발한 이유를 말하시오.

멜레토스 존경하는 재판장님, 소크라테스는 하늘에 있는 것과 땅 아래 있는 것을 연구하며, 허술한 주장을 그럴싸한 주장으로 만들어 젊은이들을 타락시켰습니다. 아테네에서 정한 신이 아닌 다른 신을 믿고 이상한 종교 행위를 하였습니다. 배심원 여러분, 소크라테스의 번드르르

한 웅변에 속지 말고 소크라테스의 죄를 캐물어 사형 선고를 내릴 것을 청합니다.

멜레토스의 말이 끝나자 법정이 시끄러워졌다. 멜레토스에게 손가락질하며 욕하는 이가 있는가 하면, 소크라테스를 향해 야유를 퍼붓는 이들도 있었다.
재판장이 소란을 잠재운 뒤 소크라테스를 향해 말했다.

재판장 소크라테스는 이에 대해 변론하시오.
소크라테스 아테네 시민 여러분!
나를 고발한 사람들의 말은 설득력 있어 보이지만 진실한 것은 단 한마디도 없습니다. 저들이 나의 웅변에 속지 말라고 한 것에 그저 놀랄 따름입니다. 내가 대단한 웅변가가 아니라는 것을 이제 곧 알게 될 텐데 말입니다.
여러분은 오늘 나를 통해 진실을 듣게 될 것입니다. 제우스 신을 걸고서 말하건데, 나는 저들처럼 교묘한 말재주를 부리지 않을 것입니다. 내 나이가 70이지만 이런 재판은 난생처음이라 재판정에서 쓰는 격식 있는 말도 잘 모르니 이해해 주시기 바랍니다.

소크라테스가 제우스 신을 말하자 법정에서 야유가 쏟아졌다. 신을 인정 안 하다가 이제야 제우스를 들먹인다며 화를 냈다.

크리톤도 소크라테스의 말이 못마땅한 듯 혀를 쯧쯧 찼다.

막시스 크리톤 어르신, 어디 불편하셔요?

크리톤 배심원들한테 잘 보이려면 '존경하는 배심원 여러분'이라고 해야지 '아테네 시민 여러분'이라니! 재판 시작부터 저렇게 삐딱하게 나가서야 원!

소크라테스 아테네 시민 여러분!

나는 지금 멜레토스와 아니토스, 리콘의 고발로 이 자리에 있지만 실은 오래전부터 나를 싫어하고 헐뜯은 자들이 있었습니다. 멜레토스 무리보다 더 무서운 자들입니다. 그들은 오랜 시간 동안 있지도 않은 죄를 내게 뒤집어씌우고 일을 꾸몄습니다. 그 오래된 소문을 누가 만들고 퍼뜨렸는지 그들의 이름조차 모릅니다. 아, 한 사람은 알고 있네요. 여러분도 잘 아실 텐데, 한 희극 작가가 그의 작품에 나를 아주 우스꽝스러운 인물로 등장시켰죠.

오래된 소문에 따르면, 나는 하늘에 있는

것과 땅 아래 있는 것을 연구하고, 말도 안 되는 이론을 진실인 척 만들어 다른 사람을 가르친다고 합니다.

하지만 여러분, 나는 이런 비난을 받을 이유가 전혀 없습니다. 다른 사람을 가르치는 일은 소피스트가 하는 일입니다. 소피스트들은 젊은 청년들에게 비싼 돈을 받고 가르침을 주니까요.

한 방청객이 변명하지 말라며 소크라테스에게 삿대질을 하자 참다 못한 플라톤이 소리를 질렀다.

플라톤 변명이 아니라 변론이오, 변론!

방청객들이 플라톤을 향해 버릇없다며 소리쳤다. 그러고는 소크라테스가 아테네의 젊은이들을 망친 게 틀림없다며 수군댔다. 크리톤이 흥분한 플라톤을 자리에 앉혔다.

막시스 어르신, 소크라테스 님은 똑똑하고 말 잘하는 소피스트를 싫어하나 봐요?

크리톤 막시스, 소피스트 중 한 명인 프로타고라스가 인간을 뭐라고 정의했는지 아나?

막시스 에이, 저도 그 정도는 압니다요! '인간은 만물의 척도'라고 했잖아요.

크리톤 인간이 만물의 척도라면, 모든 기준은 인간마다 다르다는 뜻이지? 그렇다면 변하지 않는 영원하고 절대적 진리가 존재할 수가 없겠지?

막시스 그렇겠죠. 인간마다 척도가 다르니 진리 또한 사람마다 다르지 않겠습니까?

크리톤 그럼 옳고 그름에 대한 기준도 다르지 않겠나?

막시스 그렇다고 볼 수 있겠네요.

크리톤 그렇다면 왜 소크라테스는 지금 재판을 받고 있을까? 자신만의 방법으로 철학을 했을 뿐인데 말이야. 소크라테스의 철학법을 왜 나쁘다고 하지? 단지 다를 뿐이잖아!

막시스 듣고 보니 그렇네요!

크리톤 그래서 소크라테스는 소피스트들이 거짓을 참인 것처럼 꾸며서 사람들에게 잘못된 것을 가르친다고 생각하는 거야.

막시스는 긴가민가하는 마음으로 소크라테스의 말에 귀를 기울였다.

소크라테스 여러분 중에는 내가 특별한 직업도 없이 철학하고 다닌다며 트집 잡고 나쁜 소문을 퍼뜨리는 사람이 있을 것입니다. 그 소문만 듣고서 세상 사람들이 나를 나쁘게 평가하는 마땅한 이유가 있을 거라고 믿는 사람도 있을 테고요.
아테네 시민 여러분! 부디 잘 들어 주시기 바랍니다. 내가 이런 소문에 휩쓸리게 된 것은 내게 '지혜'가 있기 때문입니다.

소크라테스의 말이 끝나자마자 여기저기서 야유가 쏟아졌다. 소크라테스가 일도 안 하고 아내가 번 돈으로 생활한다며 비아냥거리기도 했다. 어떤 이는 소크라테스가 부자 친구인 크리톤에게 돈을 빌려 벌금을 내려 한다며 뻔뻔하다고 소리쳤다.

막시스 사람들이 어르신 이름을 들먹이는데요!
크리톤 벌금이 얼마가 되든 내주고 싶네. 근데 소크라테스 저 친구가 말을 들어야 말이지.

<소크라테스의 변명> 깊이보기

소피스트

　아테네는 민주주의의 발달로 1년에 수만 건 이상의 재판이 벌어졌어요. 민주 정치 아래에서는 시민 개개인의 힘이 컸기에 자신의 권리를 주장하는 일이 자연스러웠지요. 재판을 받는 사람은 배심원들과 시민들을 설득하기 위해서 뛰어난 변론술(말솜씨)을 갖는 게 유리했어요.

　그래서 웅변술, 변론술, 철학, 정치학 등을 유료로 가르치는 소피스트가 등장했어요. '소피스트(sophist)'는 '지혜로운 자'라는 뜻으로 상황에 맞는 지식과 변론으로 자신들의 주장을 펼치는 철학자들이에요. 대표적인 소피스트로 프로타고라스가 있어요. 프로타고라스는 '인간은 만물의 척도'라는 유명한 말을 남겼어요.

　그런데 이러한 소피스트의 주장을 반박한 철학자가 바로 소크라테스입니다. 소크라테스는 소피스트들이 절대적인 기준 없이 그럴듯한 말로 아테네 시민들을 속여 도덕적으로 타락시킨다고 비판했습니다.

　그러나 소피스트는 정치의 중요성을 알리고 시민들을 깨우치며 지식을 보급하는 등 아테네의 민주 정치와 학문에 긍정적인 영향을 끼치기도 했어요.

아리스토파네스의 연극 <구름>

<소크라테스의 변명>에서 소크라테스는 자신에게 부정적인 소문을 뒤집어씌운 이들 중 희극 작가 한 명을 알고 있다고 말해요. 그 희극 작가의 이름이 아리스토파네스예요. 아리스토파네스는 희극 <구름>에 소크라테스를 젊은이들에게 엉터리 가르침을 전하는 철학자로 등장시켜요.

다음과 같은 대사를 통해 소크라테스를 조롱하고 욕을 하기도 하지요.

'뻔뻔한 악당에 파렴치한 철면피, 허풍쟁이, 거짓말에 능숙하고 떠벌리기를 좋아하고, 여우처럼 교활한 인간! 뱀장어처럼 알 수 없고 교묘하며, 거드름 피우는 악한! 백의 얼굴을 가진 악당! 교활하고 견딜 수 없는 개 같은 놈!'

아리스토파네스의 이 연극으로 말미암아 소크라테스에 대한 나쁜 소문은 더욱 굳어지고 널리 퍼지게 되었지요.

한편 아테네는 매년 봄에 술의 신 디오니소스를 기리는 축제를 벌였어요. 이 축제의 큰 행사 중 하나로 연극 대회가 있었어요. 연극은 아테네에서 인기 있는 문화 생활로 자리 잡았고 희극과 비극 등 다양한 연극이 발달하게 되었답니다.

아크로폴리스 기슭에 세워진 디오니소스 극장이에요. 이러한 형태의 원형 극장은 그리스 전역으로 퍼져 나갔어요.

4장
너 자신을 알라

소크라테스 오, 아테네 시민 여러분!

내게 지혜가 있다고 했죠? 과연 내게 지혜가 있는지 없는지 델포이의 신을 증인으로 삼겠습니다. 자, 여러분 잘 들으세요. 지금부터 하는 말은 나의 말이 아니라 카이레폰이 한 말입니다. 여러분도 카이레폰을 잘 알 겁니다. 카이레폰은 내 친구일 뿐만 아니라 민주주의를 지지하는 여러분의 친구이기도 하니까요.

어느 날 카이레폰이 델포이 신전으로 가서 이렇게 물었답니다. "이 세상에 소크라테스보다 더 지혜로운 사람이 있습니까?" 그랬더니 신이 사제를 통해 이렇게 답했답니다. "소크라테스보다 지혜로운 사람은 없다."

지어낸 이야기가 아니라 사실입니다. 지금 카이레폰은 죽고 없기 때문에 이 일에 대해서는 카이레폰의 동생이 증언해 줄 수도 있습니다.

소크라테스가 신의 말을 전하자 방청석 여기저기서 잘난 체한다며 비웃었다. 또 신을 믿지 않는 사람이 신탁을 증거로 세운다며 조롱이 이어졌다. 하지만 소란 속에서 크리톤이 빙긋이 웃었다.

막시스 아이구 크리톤 어르신, 지금 웃고 있을 때가 아니라고요!

크리톤 허허, 모르는 소리! 카이레폰이 누구인가? 소크라테스의 친구이자 민주주의를 열렬히 지지하는 정치인이 아닌가! 소크라테스는 지금 자신의 말이 아닌 카이레폰의 말이니 믿어 달라고 말하는 거야.

막시스 아하, 그렇게 깊은 뜻이!

소크라테스 나는 카이레폰의 이야기를 듣고 너무 놀라서 스스로에게 물었습니다. '내게는 작은 지혜조차 없는데 왜 나를 가장 지혜롭다고 했을까? 신은 거짓말을 할 수 없는데 왜 이런 말을 했을까?' 나는 신의 뜻을 알기 위해 한 가지 방법을 생각해 냈습니다. 나보다 더 지혜로운 사람을 찾아내기로 말입니다.

그래서 나는 지혜롭다고 소문난 한 정치가를 찾아가 대화를 나누었습니다. 그런데 그는 지혜롭지 못했습니다. 그래서 내가 그 정치인에게 지혜롭지 않다고 말했지요. 그랬더니 그 정치인과 그 주변의 많은 사람이 나를 미워했습니다.

사실 그 정치인도 나도 선한 것이나 아름다운 것에 대해 아는 것이 없기는 마찬가지입니다. 하지만 나는 정치인보다 지혜롭다고 생각했습

니다. 왜냐하면 정치인은 아무것도 알지 못하면서 안다고 생각하지만 나는 내가 알지 못한다는 사실을 알고 있기 때문입니다.

아니토스 허튼소리 집어치우시오! 고발 내용과 아무 상관없는 헛소리를 해대는 게 부끄럽지도 않소?

플라톤 조용히 하세요, 아니토스! 말도 안 되는 이유로 소크라테스를 고발한 건 바로 당신들이오. 스승님이 당신들더러 '너 자신을 알라'고 한 이유를 아직도 모르시겠소?

리콘 저, 저, 버릇없는 녀석! 도대체 소크라테스가 어떻게 가르쳤길래 아테네의 젊은이들이 저렇게 된 거야!

참다못한 플라톤이 아니토스에게 고함을 지르자 소크라테스 지지자와 아니토스 지지자들 사이에 큰소리가 오가며 법정이 뜨겁게 달아올랐다.

소크라테스 나는 정치인보다 더 지혜롭다는 사람들을 만나기로 했습니다. 그래서 다음으로 시인을 찾아갔습니다. 나는 그 시인의 작품 중에서 가장 유명한 시에 대해 물었습니다. 무슨 뜻이냐고 말입니다. 아, 그런데 차마 부끄러워 말을 못하겠습니다. 시인은 자신이 쓴 시임에도 그 뜻을 잘 모르고 있었습니다. 그러니까 시인들은 지혜가 아니라 타고난 본능이나 영감을 이용해 작품을 만드는 것이었습니다.

마지막으로 나는 장인들을 찾아갔습니다. 나는 그들이 훌륭한 장인들이기에 모든 것을 잘 알고 있다고 생각했습니다. 하지만 아니었습니다. 장인들은 자신들의 뛰어난 기술 덕분에 다른 모든 분야에서도 지혜롭다고 착각하고 있었습니다. 그러니 장인들 또한 전혀 지혜롭지 못하다는 것을 나는 알게 되었습니다.

오! 아테네 시민 여러분, 오직 신만이 현명합니다. 신은 신탁을 통해서 '소크라테스처럼 자신이 가진 지혜가 사실은 아무 가치도 없음을 깨달은 자가 가장 현명하다.'고 말하고자 했던 것입니다.

나는 계속해서 현명하다고 생각되는 사람을 찾아다니며 그들의 지혜를 탐구하고 조사했습니다. 그들이 아는 게 없다는 것을 들추어내자 많은 사람이 나를 미워하게 되었습니다. 또 이 일에 집중하다 보니 나랏일이나 가정에 충실하지 못하여 지금까지도 가난을 벗어날 수가 없습니다.

그때 아니토스가 자리에서 일어나며 고함을 질렀다.

아니토스 소크라테스, 지금 가난하다고 동정을 바라는 것이오? 내 앞에 무릎 꿇고 사과하면 없던 일로 하거나 벌금을 적게 내게 해 주겠소!

아니토스가 손가락으로 발밑을 가리키며 소크라테스를 비웃었지만 소크라테스는 조금도 움직이지 않았다.

막시스 크리톤 어르신, 아니토스 저 사람 말이 좀 심한 것 같은데요!
크리톤 자존심은 상하겠지만 아니토스 말대로 벌금을 내고 끝내면 차라리 좋겠구먼.
막시스 에이, 그래도 소크라테스 님이 그렇게 쉽게 무릎을 꿇겠어요!
크리톤 그러니 걱정인 거야. 하고 싶은 말을 거침없이 하다가는 불리한 판결이 날 게 뻔하거든.
막시스 그러게요, 저기 보세요. 배심원들도 고개를 절레절레 젓는데요.
크리톤 내 평생 그를 잘 안다고 자부했건만, 저렇게 고집이 셀 줄은 몰랐네. 친구여, 제발 자존심을 조금만 굽혀 주게.

하지만 크리톤의 바람과는 반대로 소크라테스는 작심한 듯 카랑카랑한 목소리로 이야기를 이어 갔다.

소크라테스 아테네의 젊은이들은 자기 스스로 나를 따르고 있습니다. 그들은 내가 사람들과 대화하는 것을 듣고서는 자신들도 사람들에게 질문을 던지며 대화를 나눕니다. 청년들과 대화를 나누는 과정에서 사람들은 자신이 아는 것이 없다는 것을 드러내게 됩니다.

그러면 사람들은 자신을 돌아볼 생각은 하지 않고 화부터 냅니다. 사악한 소크라테스가 청년들에게 나쁜 것만 가르쳐 청년들을 망치고 있다고 말입니다. 소크라테스가 어떤 나쁜 것을 가르쳤냐 물으면 제대로 답을 못합니다.

그저 철학자들을 싸잡아 비난할 때 쓰는 그런 말들로 얼버무립니다. '하늘에 있는 것과 땅 아래 있는 것을 연구하고, 신을 믿지 않으며 말도 안 되는 이론을 진실인 척 만든다.'는 뻔한 말로 말입니다.

그들은 아무것도 모르기 때문에, 무엇을 알고 있는 체하고 있다는 사실을 들킬까 두려워합니다. 그리고 무리를 이루고 합심해서 나를 헐뜯습니다.

이것이 멜레토스, 아니토스, 리콘이 나를 고발한 이유입니다. 멜레토스는 시인을 대신해서, 아니토스는 장인과 정치인을 대신해서, 리콘은 웅변가를 대신해서 나와 싸우고 있는 것입니다.

아테네 시민 여러분, 이것이 이 고발 사건의 진실이자 전부입니다.

<소크라테스의 변명> 깊이보기

델포이 신전과 '너 자신을 알라'

　고대 그리스의 도시 국가에는 각각 신전이 있었는데, 그중 델포이에 있는 신전이 가장 유명했습니다. 델포이는 고대 그리스 시대에 지구의 중심이라고 생각했던 폴리스이지요. 그래서 델포이에 태양의 신이자 예언의 신, 그리고 음악의 신인 아폴론 신을 위한 신전을 지었습니다.
　흔히 소크라테스가 말한 것으로 알려진 '너 자신을 알라'는 델포이 신전 내부 기둥에 새겨져 있는 글귀입니다.
　이 글귀는 '내가 모르는 것을 아는 것이 지혜'라고 한 소크라테스의 가르침과도 뜻이 통합니다. 자신이 모른다는 것을 깨닫지 못하는 소피스트들에게 소크라테스가 '너 자신을 알라'고 일침을 놓은 것도 이런 맥락입니다.

델포이 신전의 모습이에요.

델포이 신탁과 소크라테스

고대 그리스의 신전은 신을 기리고, 사람들에게 신의 뜻을 전하는 역할을 했어요. 당시 사람들은 미래를 점치거나 중요한 결정을 내릴 때, 신전을 찾아 신에게 질문을 했지요. 그러면 신은 신전에서 선택된 여자 사제를 통해 답을 내려 주었어요.

이렇게 신이 사람을 통해 자신의 뜻을 나타내거나 질문에 답하는 것을 '신탁'이라고 해요. 이성과 과학이 발달하지 못한 고대 사회에서 신이 내린 목소리, 즉 '신탁'은 진리이자 법과 같았어요.

<소크라테스의 변명>에서 소크라테스는 자신이 지혜롭다는 이야기를 하며, 그 증거로 델포이 신탁을 언급해요. 그의 친구 카이레폰이 델포이 신전에 가서 "아테네에서 소크라테스보다 더 지혜로운 자가 있습니까?"라고 묻자, 델포이의 여자 사제가 없다고 답했다지요.

카이레폰의 말을 들은 소크라테스는 그럴 리가 없다며, 정치인, 시인, 장인 등 똑똑하다고 소문난 사람들을 만나 그들의 지혜를 시험해요. 하지만 그들은 자신이 무지하다는 사실을 깨닫지 못했어요. 이에 소크라테스는 '모른다'는 사실을 알고 있는 자신이야말로 아테네에서 가장 지혜로운 사람이라는 결론을 내리게 됩니다.

5장
법정 공방을 펼치다

소크라테스가 고발 내용을 하나씩 반박하자 방청석 여기저기에서 사건의 진실이 밝혀졌다며 박수를 쳐댔다. 하지만 궁색한 변명일 뿐이라며 고함을 치는 소리도 여전했다.

소크라테스 아테네 시민 여러분!
나는 자기 스스로 애국자라고 말하는 멜레토스야말로 죄인이라고 주장합니다. 나는 지금부터 여러분에게 이 사실을 증명해 보이겠습니다.

소크라테스가 멜레토스를 앞으로 불러 세웠다.

소크라테스 멜레토스, 자네가 중요하게 생각하는 것은 젊은이들이 훌륭해지는 것이 맞는가?
멜레토스 그렇습니다.
소크라테스 그렇다면 젊은이를 훌륭하게 만드는 것은 누구인가?

멜레토스 법률입니다.

소크라테스 내가 묻는 것은 그게 아니라 법률에 대해 잘 아는 사람이 누구인가 하는 거네.

멜레토스 이 법정의 배심원들입니다.

소크라테스 여기 있는 배심원 전부가 그렇다는 말인가, 일부만 그렇다는 말인가?

멜레토스 전부 다 그렇습니다.

소크라테스 젊은이를 훌륭하게 만들 수 있는 사람이 이렇게 많다니 참 좋은 일이군. 그러면 여기 방청객들도 젊은이들을 훌륭하게 만들 수 있나?

멜레토스 네, 그렇습니다.

소크라테스 그럼, 평의회 의원들도 젊은이들을 훌륭하게 교육할 수 있는가?

멜레토스 물론입니다.

소크라테스 그러면 민회에 참석한 사람들도 젊은이들을 훌륭하게 교육할 수 있는가?

멜레토스 당연히 그렇습니다.

소크라테스 결국 나를 제외한 모든 사람들이 젊은이들을 훌륭하게 교육시킨다는 말인가? 오직 나만이 젊은이들을 망치고 있다고?

멜레토스 네, 확실하게 그렇습니다.

소크라테스 나를 빼고 모든 사람이 젊은이들을 훌륭하게 이끈다니 참 다행스러운 일이군.

소크라테스의 질문에 답을 하던 멜레토스가 고개를 갸웃거렸다. 멜레토스가 궁지에 몰렸다며 낄낄대는 사람이 있는가 하면, 소크라테스가 일부러 질문을 어지럽게 한다며 성을 내기도 했다.

소크라테스 멜레토스, 제우스 신을 걸고 답해 주게. 착한 사람은 이웃에게 착한 일을 하고, 나쁜 사람은 이웃에게 나쁜 일을 하지 않는가?

멜레토스 네, 그렇습니다.

소크라테스 그렇다면 이익을 얻는 것보다 손해 보는 것을 좋아하는 사람이 있는가?

멜레토스 없습니다.

소크라테스 그럼 자네는 내가 일부러 젊은이들을 나쁜 길로 빠뜨렸다고 생각하는가, 아니면 실수였다고 생각하는가?

멜레토스 일부러 나쁜 길로 빠뜨렸다고 생각합니다.

소크라테스 놀랍군, 멜레토스. 방금 자네가 대답한 대로, 나쁜 사람은 그 이웃 사람에게 해를 끼치네. 내가 일부러 손해를 입으려고 주변의 젊은이들을 나쁜 사람으로 만들었다는 말인가? 어떤 멍청한 사람이 자기가 손해 볼 짓을 하겠는가? 자네 말대로라면, 나는 젊은이를 타락시키지 않았거나, 타락시켰다 하더라도 고의가 아닌 것이 된다네. 따라서 자네는 거짓말을 하고 있네.

방청석 여기저기서 "옳소!" 하는 소리와 함께 멜레토스가 영웅이 되고 싶어 소크라테스를 고발했다며 비아냥거리는 소리가 터져 나왔다. 멜레토스도 당황했는지 연신 얼굴의 땀을 닦으며 아니토스를 바라보았다. 아니토스 역시 난처한 듯 턱수염만 만지작거렸다. 배심원과 방청객들은 소크라테스의 변론을 놓칠세라 다시 귀를 쫑긋 세웠고 법정 안은 숨소리도 들리지 않았다.

소크라테스 멜레토스, 고발장에 따르면 내가 아테네 젊은이들에게 국가가 인정하는 신들을 믿지 말고 다른 신을 믿으라고 가르쳤다는데, 그 이유로 나를 고발한 게 맞는가?

멜레토스 네, 그렇습니다.

소크라테스 국가가 인정하는 신이 아닌 다른 신을 믿도록 가르쳤다는 것인가? 아니면 신을 믿지 말라고 가르쳤다는 것인가?

멜레토스 소크라테스 당신은 신을 믿지 않소.

소크라테스 놀라운 일이군. 자네는 내가 해와 달이 신들이라는 것을 믿지 않는다는 말인가?

멜레토스 배심원 여러분! 소크라테스는 태양은 돌로, 달은 흙으로 되어 있다고 말했습니다. 그러니까 소크라테스가 신들을 믿지 않는다는 것입니다.

소크라테스 멜레토스, 자네 지금 내가 아니라 아낙사고라스를 고발한다고 생각하고 있나? 해와 달에 대한 그러한 주장은 아낙사고라스의 책에 가득하다는 것을 누구나 다 알고 있네. 서점에서 누구나 살 수 있는 책이라고! 배심원들이 무식해서 그 유명한 책도 안 읽어 보았을 거라 생각하는 건가? 내가 그 책에 나온 주장을 마치 내 것인 양 젊은이들에게 가르쳤다는 말인가? 제우스 신을 걸고 묻겠네. 나, 소크라테스가 어떤 신도 믿지 않는다고 확신하는가?

멜레토스 제우스 신을 걸고 맹세하건데, 당신은 절대로 신을 믿지 않소이다.

멜레토스가 두 눈을 부릅뜨고 소크라테스를 향해 말했다. 그러자 막시스가 고개를 갸웃하며 크리톤을 바라보았다.

막시스 크리톤 어르신, 멜레토스 저자 막무가내로 나오는데요. 아낙사고라스가 태양을 불타는 돌덩어리라 했다는 건 저도 안다고요.

크리톤 멜레토스 저자도 모르지 않을 텐데 억지를 쓰고 있어.

막시스 멜레토스는 배심원들이 아낙사고라스도 모르는 바보인 줄 아나 봐요.

크리톤 음, 그런데도 배심원들 표정만 봐서는 누구에게 유리한 판결을 내릴지 모르겠어.

소크라테스 아테네 시민 여러분, 멜레토스는 장난하듯이 고발장을 쓴 것 같습니다. 멜레토스는 정신이 올바른 사람이 아닙니다. 왜냐하면 앞뒤가 맞지 않는 말을 하기 때문입니다.

멜레토스, 말이라는 동물이 있다는 것은 믿지 않으면서 말에 관한 것을 믿는 사람이 있는가? 피리 부는 사람이 있다는 것은 믿지 않으면서 피리에 관한 것을 믿는 사람이 있는가? 그런 사람은 단 한 사람도 없다네. 똑똑한 멜레토스, 영적 존재는 믿으면서 신을 믿지 않는 사람이 있을 수 있는가?

멜레토스 한 사람도 없습니다.

소크라테스 그런데 자네는 고발장에서 내가 나라에서 정한 신이 아닌 다른 영적 존재를 가르치고 또 믿는다고 했네. 맞네, 나는 영적 존재를 믿네. 영적 존재는 신이거나 신의 아들 아닌가?

멜레토스 당연히 그렇습니다.

소크라테스 이 얼마나 웃긴 말인가? 자네는 처음에 내가 신을 믿지 않는다고 했지만, 이제 와서는 영적 존재는 신이라고 했으니 내가 신을 믿는 셈이 되었네. 이것은 마치 말과 당나귀의 새끼인 노새는 있다고 믿으면서 말과 당나귀는 없다고 믿는 것과 같네.

멜레토스, 자네는 나를 시험하기 위해 고발을 했는가, 나를 모함하기 위해 고발을 했는가? 상식이 있는 사람이라면 아무도 자네의 말을 믿지 않을 것이네.

방청석에서 "우아!" 하고 박수를 치며 소크라테스의 이름을 외쳤다. 소크라테스의 변론에 멜레토스가 꼼짝 못하는 게 표가 나게 보였다. 분위기가 반전되고 있다고 느낀 크리톤이 입가에 미소를 지었다.

크리톤 그렇지, 잘하고 있어, 소크라테스!

막시스 와, 질문이 너무 촘촘해서 물 한 방울도 안 새겠어요. 저렇게 몰아붙이면 어느 누구라도 꼼짝 못하겠어요.

크리톤 달리 소크라테스가 아니라니까.

막시스 그럼 이제 소크라테스 님은 무죄 판결을 받을 수 있겠죠? 보세요, 반응이 나쁘지 않잖아요.

크리톤 그래도 끝까지 가 봐야 알지. 이 분위기가 끝까지 이어져야 할 텐데 말이야.

재판을 기록하던 플라톤도 한숨 돌렸는지 소크라테스를 바라보며 흐뭇한 얼굴을 해 보였다. 크리톤이 플라톤의 어깨를 토닥였다.

크리톤 플라톤, 자네가 고생이 많구먼.

플라톤 고생은요, 소크라테스 스승님께 얻은 지혜에 비하면 아무것도 아닙니다.

크리톤 자네, 정치에 뜻을 두고 있다고 들었네만, 앞으로 정치인이 될 생각인가?

플라톤 아직 확실하진 않지만 스승님의 뒤를 잇고 싶습니다.

크리톤 속이 깊은 청년이군. 내가 다 고맙네.

그때 재판정을 두리번거리던 막시스가 크리톤의 옆구리를 찔렀다.

막시스 어르신, 아니토스랑 리콘 좀 보셔요. 아주 나라 잃은 표정인데요!

크리톤 멜레토스가 제법 똘똘한 줄 알고 대표 고발자로 내세웠을 텐데 소크라테스한테 한 마디도 못 이기니 그럴 수밖에.

막시스 고것 참 쌤통이네요.

크리톤 저들도 아테네에서 잔뼈가 굵은 사람들이야. 또 무슨 수를 쓸지 아직 마음을 놓을 수 없어.

영적 존재

〈소크라테스의 변명〉에서 소크라테스와 멜레토스는 '영적 존재를 믿느냐, 믿지 않느냐', 그리고 '영적 존재가 신이냐, 아니냐'에 대해 옥신각신해요.

소크라테스가 믿었던 영적 존재는 무엇일까요? 소크라테스를 다룬 여러 책들을 보면, 소크라테스는 젊은 시절부터 자신의 내면에서 들려오는 '다이몬의 소리'를 들었다고 해요.

다이몬(daimon)은 그리스어에서 온 말로, 초자연적인 힘을 의미해요. 쉽게 말해 신과 인간 사이를 연결하는 영적 존재라고 할 수 있어요. 다이몬은 신적인 힘을 가지고 있으며, 인간과 신이 서로 소통할 수 있도록 도와주는 역할을 해요. 그러나 서양에 기독교가 자리 잡으면서 다이몬은 '악마(demon)'라는 뜻으로 바뀌었어요.

소크라테스는 내면에서 들려오는 그 소리가 자신을 올바른 길로 이끌고, 어떤 행동을 해야 하며 하지 말아야 하는지를 알려준다고 했어요. 따라서 소크라테스에게 다이몬은 '신적인 힘'일 뿐만 아니라, 마음속에서 솟아오르는 '영감'이나 '양심의 소리'로도 해석할 수 있지요.

자연 철학자들

　아주 오래전, 사람들은 신이 이 세상을 창조했다고 믿었어요. 그래서 천둥, 번개, 화산 폭발, 홍수 같은 자연재해도 신의 분노로 일어난 일이라 생각해 제사를 지내고 기도를 올려 신을 달래려 했지요.

　그러나 기원전 6세기경, 이러한 현상의 원인을 신이 아니라 자연에서 찾으려는 사람들이 등장했는데, 이들을 자연 철학자라고 불러요. 자연 철학자들은 이 세상의 본질이 무엇인지, 세상이 무엇으로 만들어졌는지를 궁금해하며 해답을 찾으려 했어요.

　아낙사고라스(기원전 500년경~기원전 428년경)는 고대 그리스를 대표하는 자연 철학자예요. 그는 일식의 원인을 최초로 밝혀냈고, 무한히 다양한 원소들이 세상을 변화시키고 발전시킨다고 보았지요. 하지만 아낙사고라스는 태양이 펠로폰네소스 반도보다 더 큰 백열의 돌덩어리라고 말해, 신을 모욕했다는 이유로 고발되었답니다.

1493년 독일 뉘른베르크에서 출간된 세계사 그림책인 《뉘른베르크 연대기》에 실린 아낙사고라스 모습이에요.

6장
정의와 덕을 말하다

　폭풍이 거센 비바람을 토해 내듯 멜레토스를 몰아세운 소크라테스가 잠시 한숨을 돌렸다. 그러더니 다시 차분히 변론을 이어 갔다.

소크라테스　아테네 시민 여러분, 멜레토스의 고발에 대해 충분히 변명했다고 생각합니다.
　그동안 많은 사람들이 나를 미워했고, 그래서 결국 이 상황에 이르게 되었습니다. 만약 내가 유죄 판결을 받는다면, 그것은 멜레토스나 아니토스 때문이 아니라 세상 사람들의 편견과 질투 때문일 것입니다.
　어떤 사람은 이렇게 말할 것입니다.
　"소크라테스여, 그대는 자신이 한 일 때문에 지금 죽을 위기에 처했는데, 부끄럽지 않소?"라고 말입니다.
　그러나 이 말은 틀렸습니다. 조금이라도 훌륭한 사람은 죽느냐, 사느냐 하는 것을 헤아려서는 안 됩니다. 옳은 일인지 그른 일인지, 선한 사람의 일인지, 악한 사람의 일인지만을 생각해야 합니다.

여러분, 나는 여러 전투에서 자리를 지키라는 명령을 받았을 때 죽음을 무릅쓰고 자리를 지켰습니다. 평생 지혜를 사랑하고 신으로부터 나와 다른 사람을 깨우치라는 사명을 받은 내가 죽음이 두려워 자리를 떠났다면, 나의 행동은 끔찍하고 부끄러운 일이 되었을 것입니다.

크리톤 어어, 저 친구가 갑자기 왜 저러지? 분위기 좋아지고 있었는데, 뭘 말하고 싶은 거야?

플라톤 크리톤 님, 스승님께서는 절대로 죄를 인정하거나 사과하지 않을 것 같습니다.

크리톤 큰일이군. 1차 투표를 하기 전에 배심원들에게 감정으로 호소해야 해. 그런데 소크라테스는 배심원들에게 동정을 구하는 것이 아니라 논리로 이기려고 하고 있어. 이러면 배심원들도 적이 될 뿐이지. 이거 점점 수렁에 빠지는 기분이군.

막시스 네, 네, 뭐라고요? 큰일 났다고요?

크리톤 어허, 자네 지금 이 판국에 잠이 오는가?

막시스 소크라테스 님 말씀이 뱅글뱅글 어지러워서 그만…….

소크라테스 고발자 아니토스 일당은 내가 사형 선고를 받지 않으면 여러분의 아들들이 다시 나의 가르침을 받아서 나쁜 길로 빠질 것이라고 말합니다.

만약 여러분이 고발자들의 말을 듣지 않고 나를 풀어 주면서 "소크라테스, 당신은 앞으로 철학적 지혜를 탐구하면 안 되오. 만일 다시 이러한 일로 체포된다면 당신은 사형을 당할 것이오." 하고 말한다면 나는 다음과 같이 대답할 것입니다.

"아테네 시민 여러분, 나는 여러분을 존경하고 사랑합니다. 하지만 나는 여러분보다 신에게 복종할 것입니다. 나에게 생명과 힘이 있는 한, 지혜를 사랑하고 지혜를 가르치며, 여러분 중 누구를 만나더라도 다음과 같이 말할 것입니다. '위대한 아테네 시민, 나의 벗이여. 그대는 많은 돈과 명예와 명성을 쌓아 올리면서 어째서 지혜와 진리와 영혼을 선하게 하는 일에는 전혀 신경 쓰지 않고 부끄러워하지도 않는가?'라고 말입니다."

이때 누군가가 진리와 영혼을 선하게 하는 일에 신경 쓰고 있다고 말한다면, 나는 그를 붙잡고 질문을 던질 것입니다. 내가 만나는 모든 사람들, 특히 아테네 시민들에게는 더욱 그렇게 할 것입니다. 왜냐하면 그들은 나의 사랑하는 동포이기 때문입니다. 이것은 신의 명령이고 신의 명령에 따르는 것이 나의 봉사입니다. 이 봉사만큼 행복을 주는 것이 이 나라에는 없습니다.

오, 아테네 시민 여러분! 여러분이 아니토스 일당의 뜻에 찬성하든 찬성하지 않든, 나를 풀어 주든 풀어 주지 않든, 설령 죽을 운명이 몇 번 닥치더라도 내 행동은 바뀌지 않을 것입니다.

방청객들이 소크라테스를 향해 죽고 싶어 환장한 모양이라며 비웃었다. 소크라테스가 오만하게 군다며 사형을 내리라고 고함치는 방청객도 있었다.

막시스 어이쿠, 잠이 확 달아나는데요! 크리톤 어르신, 소크라테스 님이 어떤 판결이 내려지든 행동을 안 바꾼다잖아요! 그 말은 즉, 법을 무시하겠다는 말 아닙니까?

크리톤 막시스, 소크라테스가 국가와 법을 무시하는 게 아니야. 단지 신에 대한 의무가 국가에 대한 의무보다 앞선다고 볼 뿐이지. 내가 그를 오랫동안 지켜보지 않았나?

막시스 좌우지간에 지금 분위기가 안 좋아지고 있어요!

크리톤 오, 내 친구 소크라테스여! 그대는 신념을 위해 목숨까지 버리려는 것인가…….

소크라테스 여러분이 만약 나에게 사형을 내린다면, 그것은 여러분 자신을 해치는 것입니다. 나를 해칠 수 있는 사람은 없습니다. 멜레토스도, 아니토스도 나를 해치지 못합니다. 왜냐? 훌륭하지 않은 사람이 훌륭한 사람에게 해를 입힐 수는 없기 때문입니다. 이는 신의 뜻이 아니기 때문입니다. 물론 이 고발자들은 나를 사형시키고, 추방시키고, 시민권을 빼앗을 수 있습니다. 하지만 이런 일은 나에게 피해를 주지 못합니다. 그보다 더 큰 재앙은 정의를 거스르며 한 인간을 부당하게 사형에 처하려는 그들의 행위입니다.

아테네 시민 여러분, 나는 지금 나 자신을 변명하려는 게 아닙니다. 나는 신이 여러분에게 보내 준 선물입니다. 나를 처벌하면 여러분은 신에게 죄를 짓게 되는 것입니다. 나는 여러분을 위해, 여러분이 신에게 죄를 짓지 않도록 하기 위해 이렇게 변명하고 있는 것입니다. 내가 처형된다면 여러분은 앞으로 나와 같은 사람을 다시 찾지 못할 것입니다. 나는 신이 '아테네에 보낸 쇠파리'이기 때문에 말에 붙은 쇠파리처럼, 온종일 여러분을 귀찮게 붙들고서 설득하고 충고하고 꾸짖는 것입니다.

배심원과 방청객들은 소크라테스가 죽음 앞에서도 잘난 체한다며 손가락질했다. 방청객 중에는 소크라테스가 스파르타보다 더 위험하다며 고함치는 사람도 있었다.

막시스 크리톤 어르신, 지금 저 말들이 소크라테스 님에게 무슨 도움이 될까요?

크리톤 정말 큰일이네. 투표를 하면 불리해지겠는데…….

소크라테스 여러분은 나, 소크라테스를 아끼고 사랑해야 합니다. 내가 다른 사람들처럼 나 자신만을 위해서 살았다면 여러분 한 사람 한 사람을 찾아다니며 덕을 쌓으라고 설득하지 못했을 것입니다. 내가 다른 사람들은 그토록 위하면서, 왜 국가를 위한 충고는 하지 않는지 이상하게 생각하는 사람도 있을 것입니다.

나는 어릴 때부터 신의 목소리를 들었습니다. 신은 내가 하려고 하는 어떤 일을 금지하기는 했지만, 어떤 일을 하라고 강요하지는 않았습니다. 내가 정치를 하지 못하도록 한 것도 바로 신의 목소리입니다.

아테네 시민 여러분, 내가 만약 정치를 했다면 나는 오래전에 죽었을 것입니다. 이것은 여러분이나 나 자신을 위해서도 좋은 일이 아닙니다. 국가에서 일어나는 불법과 부정행위에 정직하게 맞선다면 생명을 지키지 못하는 것이 사실입니다. 그래서 정의를 위해 싸우는 사람은 나랏일을 맡으면 안 됩니다.

막시스 크리톤 어르신, 왜 정의를 위해 싸우는 사람은 나랏일을 하면 안 된다는 겁니까? 정의로운 사람이 나서야 나라가 잘되는 거 아니에요?

크리톤 저기 있는 아니토스와 리콘만 봐도 알잖아. 저들은 아테네에서 유명한 정치인들이지. 저들이 사람들에게 하는 연설에는 진리도 없고 신념도 없어. 사람들을 꼬드기려는 말재주만 있을 뿐이지. 정치인이 되면 정의와 신념보다 대중의 인기를 얻는 게 더 중요하니까. 반면 소크라테스는 대중 연설이 아닌 시민들 한 명 한 명을 만나 대화하지. 대화를 통해 사람들의 영혼을 일깨우고 진리를 전하려고 노력했어. 그게 왜 죄가 되는지 모르겠지만.

소크라테스 나는 딱 한 번 평의원이 되어 정치에 참여한 적이 있습니다. 아르기누사이 해전 때, 병사들을 구출하지 못한 장군들에 대한 재판을 맡았습니다.
사람들은 장군들을 모두 사형시키라고 했지만, 그건 법에 어긋나는 일이었습니다. 그러나 사형을 반대한 평의원은 나 한 사람뿐이었습니다. 사람들은 반대표를 던진 나를 고발하겠다며 위협했습니다. 하지만 나는 감옥에 갇히거나 죽는 게 두려워 잘못된 행동을 하느니 차라리 법과 정의의 편에 서겠다고 결심했습니다. 그때도 죽음은 내게 중요한 일이 아니었습니다. 정의롭지 않은 일을 절대로 하지 않겠다는 신념을 행동으로 보여 주는 것이 중요했습니다.

덕

　덕은 그리스어 아레테(arete)를 풀이한 말이에요. 덕이란 모든 사물이 지닌 훌륭한 상태 또는 좋은 성질을 의미하지요. 예를 들어, 연필의 덕은 글씨를 잘 쓰게 하는 것이고, 가위의 덕은 물건을 잘 자르는 것이에요.

　그렇다면 사람의 덕은 무엇일까요? 바로 훌륭하게 살아가는 능력과 자질이에요. 덕은 올바른 지식에서 비롯되며, 올바른 행동을 하기 위해서는 올바른 앎이 필요하지요. 소크라테스는 덕을 '올바른 지식'으로 해석했어요. 따라서 무지를 깨우치는 과정은 결국 올바른 덕을 쌓아 가는 행동이 되는 것이지요.

아테네의 쇠파리

　소크라테스는 아테네 시민들이 자신의 무지를 깨닫고 진리를 추구하도록 돕는 것이 자신의 사명이라고 여겼어요. 그래서 스스로를 '아테네의 쇠파리'라고 표현했지요. 쇠파리는 말이나 소의 등에 붙어 귀찮게 하는 존재인데, 소크라테스 역시 사람들에게 끊임없이 질문을 던지며 정신을 깨우는 역할을 했어요.

아르기누사이 해전 재판

　〈소크라테스의 변명〉에서 소크라테스는 자신이 평의원으로서 정치에 참여했던 경험을 이야기해요. 소크라테스는 전쟁에 나갔던 장군들의 재판에 참여하여 유죄와 무죄를 가리고 형벌을 결정한 적이 있었지요. 그때 재판을 받은 장군들이 참전했던 전투가 바로 아르기누사이 해전이에요.

　아르기누사이 해전은 아테네와 스파르타가 27년 동안 벌인 펠로폰네소스 전쟁의 전투 중 하나예요. 특히 아르기누사이 해전은 아테네가 스파르타에게 거둔 가장 큰 승리이자 마지막 승리였지요.

　하지만 승리 후 강한 폭풍으로 함선 여러 대가 침몰하고, 군인 1,000여 명이 바다에 빠져 숨지는 일이 생겨요. 장군들은 결국 전사자들을 수습하지 못한 채 아테네로 돌아왔지요.

　이에 아테네 시민들은 전사자들을 수습하지 않았다는 사실에 분노하여, 당시 지휘관이었던 장군들을 모두 법정에 세웠어요. 재판에 참여한 소크라테스는 이들의 죄를 하나로 묶어 동일하게 처벌하는 것에 반대했지만, 아테네 시민들은 장군들에게 유죄를 선고하고 모두 처형해 버렸지요. 그 결과, 스파르타와의 다음 전투에서 아테네는 함대를 이끌 장군이 부족해 패배하고 말았답니다.

7장
첫 번째 판결, 유죄를 선고받다

막시스 와, 소크라테스 님 뚝심이 장난이 아닌데요!

크리톤 내 친구라서가 아니라 신념이 대단하긴 대단하지. 죽음 앞에서도 눈 하나 깜짝 안 하는 거 봐.

막시스 그러니까요, 분위기에 전혀 휩쓸리지 않아요! 저 좀 감동받았어요.

크리톤 배심원들도 막시스 자네처럼 생각해 주면 좋으련만, 에구.

소크라테스 여러분은 내가 나랏일을 하면서 항상 옳은 편을 들고, 정의를 위하며 정치를 했어도 지금까지 살아남았으리라고 생각하십니까? 그건 불가능한 일입니다.

나는 나의 말을 듣기 위해 찾아오는 사람들을 내치지 않았고, 부자든 가난하든 차별 없이 돈을 받지 않고 대화를 나누었습니다.

아테네 시민 여러분! 내가 오래전부터 아테네의 청년들을 타락시켰다는 소문이 맞다면, 그 청년들은 지금쯤 나이가 지긋할 것입니다. 그들이 정말 나 때문에 망가졌다면 자신을 타락시킨 나를 처벌해 달라고 고발해야 마땅합니다. 하지만 그런 일은 없었습니다.

나를 스승으로 삼는 많은 젊은이들과 그들의 형제, 아버지가 지금 이 재판을 보고 있습니다. 멜레토스는 이들 중 몇 명을 증인으로 세워야 했습니다. 지금이라도 나와서 내가 젊은이들을 망쳤다는 증언을 하십시오.

하지만 없습니다. 오히려 그들은 나를 돕겠다고 나서고 있습니다. 이것만 보아도 멜레토스가 거짓말을 하고 내가 진실을 말하고 있다는 뜻이 아니겠습니까.

얼굴이 붉으락푸르락해진 멜레토스가 실눈을 뜨고서 소크라테스를 쳐다보았다. 식식대며 입술만 달싹댈 뿐 소크라테스의 말에 아무런 이의도 제기하지 못했다.

소크라테스　아테네 시민 여러분, 내가 변명으로 말할 수 있는 것은 여기까지입니다.
　어떤 사람은 고발당했을 때 눈물을 흘리며 배심원들에게 빌고 애원합니다. 동정심을 얻기 위해 친족과 친구들을 데리고 법정에 나오기도 합니다.

그렇게 행동하지 않은 나를 못마땅하게 여길지도 모르겠습니다. 나의 이런 태도에 불쾌감을 느끼고 홧김에 유죄라고 투표할 사람도 있을 것입니다.

내게도 가족이 있지만, 여러분에게 무죄를 애원하기 위해 가족들을 이곳에 데려오지 않을 것입니다. 내가 여러분을 존중하지 않아서도 아니고, 고집이 세서 그런 것도 아닙니다.

나는 지혜와 덕이 다른 사람보다 뛰어나다는 평가를 받습니다. 다른 사람보다 우월하다는 말을 듣는 사람은 자신의 품위를 망가뜨려서는 안 됩니다. 품위를 지키고 추한 행동을 하지 않는 것은 나와 여러분과 나라를 위하는 일입니다.

"우!" 방청객들이 소크라테스가 잘난 체한다며 야유를 보냈다. 또 소크라테스가 정의와 덕을 핑계로 배심원들이 무죄 쪽으로 기울도록 부추기려 한다고 소리쳤다. 그러자 플라톤이 일어서서 고함을 질렀다.

플라톤 누가 누구를 부추긴다는 거요? 정의와 덕을 이야기하는 거요, 정의와 덕!

아니토스 그 입 다물게, 타락한 젊은이여! 그대의 스승은 자기 혼자 깨끗하고 당당하며, 다른 사람은 질 낮고 비겁하다고 하네. 아테네의 전통과 민주주의를 파괴하고 거짓말에 능숙한 여우 같은 인간이야.

플라톤 민주주의? 당신들처럼 어리석은 사람들이 떼쓰는 것이 민주주의 란 말이오?

아니토스가 소크라테스를 비난하자 소크라테스의 제자들이 발끈하며 일어섰다. 법정 안은 소크라테스를 향해 삿대질하며 고함치는 사람들과 소크라테스를 지지하는 사람들의 함성이 뒤섞이며 시장통처럼 소란스러워졌다.

소크라테스 배심원에게 사정하고 애원하여 무죄로 풀려나는 것은 옳지 않습니다. 배심원은 자신의 기분에 따라 재판하지 않고 나라에서 정한 법에 따라 재판할 것을 서약했습니다. 그러니 여러분은 배심원들이 그 서약을 깨뜨리게 해서는 안 됩니다.
오, 아테네 시민 여러분! 이제 여러분과 신에게 판결을 맡깁니다. 나와 여러분에게 최선의 판결이 내려질 것을 믿습니다.

500명의 배심원을 향한 소크라테스의 변론이 끝이 났다. 소크라테스는 한 손으로 이마의 땀을 훔치며 천천히 연단에서 내려와 자신의 자리에 앉았다. 재판장이 흰 돌과 검은 돌이 가득 찬 항아리를 연단 가운데에 올렸다. 투표가 시작된 것이다. 막시스가 걱정스러운 얼굴로 크리톤에게 물었다.

막시스 소크라테스 님은 어떻게 될까요?

크리톤 저들이 노리는 것은 결국 소크라테스를 아테네에서 쫓아내는 거지. 국가의 신을 믿지 않고, 젊은이들을 타락시켰다는 것은 핑계에 불과해. 배심원들도 마냥 어리석지만은 않을 거야. 아마 무죄가 되거나 유죄가 되더라도 높은 벌금을 내는 정도일 거야.

플라톤 하지만 마지막에 스승님이 너무 과격하게 신념을 펼친 것이 마음에 걸립니다. 배심원들이 올바른 판단을 해야 할 텐데 걱정입니다.

조금 뒤, 재판장이 무죄를 뜻하는 흰 돌과 유죄를 뜻하는 검은 돌을 세기 시작했다. 배심원뿐만 아니라 수많은 방청객도 숨을 삼키며 그 광경을 지켜보았다.

잠시 후, 재판장이 두루마리를 펼치더니 아주 크고 또렷하게 외치기 시작했다.

재판장 소크라테스 유죄 280표, 소크라테스 무죄 220표!

"와!" 하는 환호 소리와 "아!" 하는 한탄의 소리가 아고라 광장을 가득 채웠다.

플라톤 아니, 이럴 수가 있습니까? 유죄라니요? 280명의 배심원들은 생

각이 없는 건가요?

크리톤 생각보다 소크라테스를 싫어하는 배심원들이 많다니 큰일이네.

막시스 30표! 30표만 다르게 나왔더라면…….

크리톤과 플라톤의 애타는 마음을 아는지 모르는지 소크라테스는 재판 결과에도 무덤덤하게 앉아 있었다.
아니토스와 리콘, 멜레토스는 한데 모여 소크라테스에게 제안할 형량을 의논했다.

멜레토스 소크라테스는 끝까지 잘못을 인정하지 않을 것입니다. 벌금 낼 돈도 없겠지요?

리콘 그러면 아테네에서 추방시켜 다시는 돌아오지 못하게 해야 해.

아니토스 아니, 내 생각은 달라. 소크라테스는 잘못을 전혀 인정하지 않고 오히려 배심원들을 가르치려 하고 있어. 배심원들도 우리 쪽으로 기울고 있어. 소크라테스를 법정에 세운 이상 그를 죽여야 해. 멜레토스, 소크라테스에게 사형을 선고하도록 거듭 제안하게.

고발자 세 사람의 모의가 끝나자 재판장이 2차 재판을 시작했다.

재판장 재판을 다시 시작하겠소. 소크라테스와 멜레토스는 형량을 제안하시오.

멜레토스 고발장에 적은 대로 국가반역죄를 저지른 소크라테스에게 사형을 선고할 것을 제안합니다.

소크라테스 오, 아테네 시민 여러분! 나는 이러한 결과를 예상했기 때문에 투표 결과가 슬프지 않습니다. 오히려 유죄와 무죄가 비슷하다는 데 놀랄 따름입니다. 30표만 달랐어도 나는 무죄가 되었을 것입니다. 그런데 멜레토스는 사형을 제안합니다. 나는 어떤 제안을 해야 합니까?

나는 정치가로서 살기에는 너무나 정직합니다. 나는 사람들에게 부와 명예 같은 개인적 이익을 좇기에 앞서 정의와 덕을 추구해야 한다고 말했습니다. 국가의 이익만 생각하기보다 국가 자체를 돌보아야 한다고 말했습니다. 이것이 인간의 행동에 있어 지켜야 할 순서라고 여러분을 설득해 왔습니다.

이러한 나에게 형벌은커녕 보상을 주어야 마땅합니다. 여러분, 나는 내가 영빈관에서 식사를 하는 것보다 더 합당한 보상은 없다고 생각합니다.

막시스 네? 제가 잘못 들었나요? 영빈관에서 식사라니요? 영빈관이라면 올림픽 승자나 개선장군 같은 국가 영웅을 위해 만찬을 벌이는 곳이잖아요!

크리톤 그러게나 말일세. 아이고 머리야!

막시스 사람들은 소크라테스 님이 배심원들과 방청객 모두를 조롱한다고 생각할 거예요.

크리톤 이러다 진짜 큰일나겠어.

막시스와 크리톤의 걱정대로 방청객들은 소크라테스가 법정에서 헛소리를 한다며 고래고래 소리를 질렀다. 아고라 광장에는 '사형'이라는 외침이 가득했다.

도편 추방제

  일찍이 민주주의가 발달한 아테네에서는 일부 야심을 가진 귀족들이 평민들의 지지를 이용해 권력을 독차지하려는 경우가 종종 있었어요. 이를 방지하기 위해 도편 추방제가 만들어졌지요.

  도편 추방제는 시민 투표를 통해 독재자가 될 가능성이 있거나 국가에 해를 끼친다고 여겨지는 사람을 뽑는 방식으로 운영되었어요. 시민들은 도자기 조각인 도편에 추방하고 싶은 사람의 이름을 적어 냈어요. 이 투표에서 6,000표 이상을 받은 사람은 10년 동안 아테네에서 추방되었지요. 그러나 시간이 지나면서 이 제도가 악용되기 시작했고, 펠로폰네소스 전쟁 기간 중인 기원전 416년경에 폐지되었어요.

아테네 시민들은 나라에 해가 되는 사람의 이름을 도자기 조각에 적어 냈어요.

아테네의 재판

아테네에서는 입법, 행정, 사법 기능이 각각 다른 기관을 통해 나뉘어 수행되었어요. 민회는 입법 기능을, 500인회는 행정 기능을, 배심원 법정은 사법 기능을 맡았지요.

법원은 30세 이상의 시민들이 배심원이 될 수 있었어요. 재판이 열리면 추첨을 통해 배심원단을 구성했지요. 보통 배심원은 10개의 부족에서 각각 동등하게 선출되었어요.

재판에서는 소송 당사자에게 연설 기회를 주었고, 연설 시간은 물시계를 사용해 제한했어요. 변론이 끝나면 즉시 투표가 진행되었으며, 배심원들은 재판장 내에서 서로 의견을 주고받을 수 있었어요.

재판은 두 단계로 진행되었어요. 첫 번째 재판에서 유죄인지 무죄인지 판결을 내렸고, 유죄로 결정되면 두 번째 재판을 열어 처벌 방식을 결정했답니다.

재판에서 연설 시간을 잴 때 쓰던 물시계예요.

8장
두 번째 판결, 사형을 선고받다

형량을 제안하라는 시간이 주어지자 크리톤은 플라톤과 함께 소크라테스에게 다가갔다. 제자들에게 둘러싸여 있는 소크라테스의 표정은 평상시와 다름없이 평온했다. 막시스도 그 틈에 끼어 소크라테스를 살폈다.

크리톤 소크라테스, 자네 어쩌자고 이러는가? 내가 심장이 떨려서 못 보겠네. 배심원들을 화나게 해서 좋을 게 뭐가 있는가? 제발 자존심을 조금만 버리게. 일단 살고 봐야지.

플라톤 그렇습니다, 스승님. 벌금을 제안해서 형량을 줄이는 것이 상책입니다.

크리톤 여보게, 소크라테스! 돈 걱정은 말게. 우리가 있지 않은가. 너무 적으면 오히려 화를 불러올 수 있네. 30므나*를 제안하게. 그러면 저들도

---
*므나 당시의 화폐 단위. 30므나는 당시 노동자의 10년 이상 임금에 해당됨.

만족할 것이네. 최대한 동정심이 일어나도록 말해야 하네, 알겠는가?

재판장 소크라테스는 형량을 제안하시오.

소크라테스 시간이 너무 짧아서 여러분을 설득할 수 없는 게 아쉽습니다. 나는 누구에게도 해를 끼치지 않았기 때문에 내 죄를 인정하고 스스로 형벌을 제안할 수도 없습니다.

사형이 두려워서일까요? 나는 죽음이 선인지 악인지 잘 모릅니다. 징역을 제안할까요? 왜 내가 감옥 간수들의 노예가 되어 갇혀 살아야 합니까? 벌금형도 반대합니다. 나는 돈이 없어서 벌금을 낼 수 없습니다. 추방형을 제안할까요? 하지만 같은 아테네 시민인 여러분도 나의 행동과 말을 견디지 못하는데, 다른 도시의 사람들이라고 다를까요?

아니토스 하하, 소크라테스 저자도 잘 아는군. 다른 도시 사람들도 저자의 허무맹랑한 이야기를 듣다 보면 어서 추방하자고 난리일걸! 사형도 싫다, 징역도 싫다, 벌금도 싫다, 추방도 싫다니 도대체 어떤 벌을 받기를 원하는 거야?

멜레토스 추방이겠지요. 저런 사람을 받아 줄 나라도 없겠지만요.

리콘 꼴좋군, 소크라테스가 우리를 얼마나 무시했었는데! 저자의 제자들 때문에 아테네가 얼마나 위험했던가? 이제야 그 대가를 달게 받게 되었군.

아니토스 무리가 소크라테스를 노려보며 비웃자 재판장이 주의를 주었다.

소크라테스 어떤 사람은 말할 것입니다.

"그렇다면 소크라테스여, 이곳을 떠나 침묵을 지키면 되지 않소?"

내가 침묵을 지키는 건 신에게 불복종하는 일이 됩니다. 나는 날마다 사람들과 만나 미덕에 대해 이야기하며 사는 것이 가장 큰 보람입니다. 내가 침묵할 수 없는 이유를 여러분에게 설명하는 건 어려운 일입니다.

여러분, 나는 빈털터리입니다. 그래서 1므나 정도의 벌금을 제안하려 했습니다. 그런데 친구인 크리톤과 제자들이 30므나를 제안하라고 나에게 권유하였습니다. 그들이 보증인이 될 것입니다. 그래서 나는 벌금 30므나를 제안하는 바입니다.

소크라테스의 '1므나' 소리에 법정이 다시 한번 소란스러워졌다.

아니토스 뭐, 1므나? 저자가 아주 단단히 미쳤군.

멜레토스 법정을 조롱하는 것도 정도가 있지. 지금 소크라테스는 국가를 상대로 전쟁을 벌이겠다는 거예요.

리콘 30므나도 받아들여질까 말까인데 1므나라니, 지나가는 개가 웃겠어!

플라톤은 가슴을 부여잡았다. 크리톤은 머리가 아찔하고 손이 떨렸다. 막시스도 입이 바짝바짝 말랐다.

플라톤 스승님, 진정 죽음을 원하시는 겁니까!
크리톤 오, 제발 소크라테스!
막시스 아이구, 제 속이 다 타들어 가네요.

배심원들이 2차 투표를 시작했다. 방청객들은 결과를 예상하며 시끄럽게 떠들었다.
한눈에 보아도 검은 돌이 1차 투표 때보다 훨씬 많았다.
두루마리에 적힌 판결을 읽는 재판장의 목소리가 크고 선명했다.

재판장 사형 찬성 360표, 사형 반대 140표. 소크라테스에게 사형을 선고한다.

마침내 사형이 선고되었다. 한쪽에서는 박수를 치며 기뻐했으며 다른 한쪽에서는 눈물을 흘리며 울부짖었다. 플라톤은 입술을 깨물며 터져 나오려는 울음을 참았다.

크리톤도 고개를 떨구고 한동안 아무 말도 없었다. 막시스도 답답한 듯 가슴을 두드렸다.

막시스 아이고 사형이라니! 아무것도 모르는 제가 봐도 사형당할 정도의 죄는 아닌 것 같은데…….

크리톤 소크라테스가 밉보여도 한참 밉보인 거지. 아테네에 다른 신을 믿는 사람이 더러 있지만 이렇게 크게 문제 삼진 않았어. 청년들을 타락시켰다는 것도 몇몇 소피스트들의 주장일 뿐이고.

막시스 그럼 대체 왜 소크라테스 님은 사형까지 받은 건데요?

크리톤 아테네의 민주정을 위협하고 수많은 사람들을 죽인 반역자들이 소크라테스의 제자였다는 사실이 재판에 영향을 미쳤을 걸세.

막시스 그게 소크라테스 님의 죄는 아니잖아요.

크리톤 죄라면 소크라테스가 500명의 배심원들을 무지로부터 깨우치겠다는 신념을 이 법정에서 실행한 점일 테지.

막시스 결국 소크라테스 님은 자기가 가장 잘하는 일을 법정에서도 하신 거네요?

크리톤 그렇게 볼 수도 있겠네.

막시스 어, 소크라테스 님이 아직 할 말이 남은 모양인데요!

소크라테스 오, 아테네 시민 여러분. 여러분은 앞으로 소크라테스를 죽였다는 비난을 받게 될 것입니다. 아마 조금 더 기다렸더라면 여러분이 원하는 일이 곧 일어났을 것입니다. 나는 이미 나이가 많아 죽을 날이 머지않았기 때문입니다.

내가 유죄 판결을 받은 것은 재판에서 눈물을 흘리며 애원하고, 여러분이 듣고 싶은 말을 하지 않았기 때문입니다. 이런 빤한 행동은 나에게 어울리지도 않습니다. 나는 듣기 좋은 말로 목숨을 지키기보다 내 방식대로 말하고 죽는 것이 훨씬 훌륭하다고 생각합니다. 죽음을 피하는 것보다 불의를 피하는 것이 더 어렵습니다.

나에게 사형 판결을 한 여러분, 내가 죽게 되면 여러분이 나에게 선고한 사형보다 더 무섭고 무거운 형벌이 여러분에게 닥쳐올 것입니다. 여러분을 비난하는 사람은 더 많아지고 비난의 세기는 더 거세질 것입니다.

여러분을 지키는 가장 고상한 방법은, 다른 사람에게 해를 끼치지 말고 여러분 스스로 덕을 쌓는 것입니다. 이것이 내가 떠나기 전, 나에게 유죄 판결을 내린 배심원들에게 내리는 예언입니다.

크리톤 오, 친구여, 어쩌자는 것인가?

막시스 아직 할 말씀이 더 있나 본데요?

크리톤 사형까지 선고받은 마당에 무슨 말인들 못하겠는가. 마음껏 하라고 하게.

소크라테스 나의 무죄를 인정한 배심원 여러분! 여러분이야말로 진실한 배심원들입니다.

여러분, 내게 일어난 이상한 일을 하나 이야기하려고 합니다. 지금까지는 내가 어떤 잘못된 일을 하려고 하면 여지없이 신이 반대를 하였습니다. 그런데 이번에는 어떤 경고나 신호도 없었습니다. 오늘 집을 나설 때도, 법정에 들어설 때도, 내가 말을 할 때도 신은 한 번도 나를 말리지 않았습니다. 그것은 죽음이 나쁜 것만은 아니라는 뜻입니다.

오, 아테네 시민 여러분, 죽음은 이 세상에서 저 세상으로 영혼이 움직이는 것입니다. 죽음이 나를 다른 곳으로 이끈다면 나는 훌륭한 사람들과 만나 함께 참된 지식과 거짓 지식에 대한 탐구를 계속할 것입니다. 나는 죽어서 고통으로부터 해방되는 것이 더 좋다고 확신합니다. 그래서 신은 아무런 경고를 하지 않은 것입니다. 이러한 이유로 나는 유죄 판결을 한 배심원들과 나를 고발한 자들을 원망하지 않습니다.

여러분, 한 가지 부탁을 하고 싶습니다. 나의 아들들이 성인이 되어 덕보다도 돈이나 다른 것을 더 중요하게 여긴다면 그들을 꾸짖어 주십시오. 내가 여러분을 괴롭힌 것처럼 내 아들들을 괴롭혀 주기 바랍니다.

여러분, 이제 떠나야 할 시간이 되었습니다. 각자 자기의 길을 갑시다. 나는 죽기 위해서 여러분은 살기 위해서. 어느 쪽이 더 좋은지는 오직 신만이 알 뿐입니다.

이로써 소크라테스의 최종 변론이 끝났다. 재판 내내 가슴을 졸이던 크리톤은 허탈한 얼굴로 멍하니 있었다.

막시스 크리톤 어르신, 괜찮으셔요?

크리톤 내가 괜찮고 말고 할 게 뭐가 있겠는가. 저 친구 소크라테스가 걱정이지.

막시스 어르신, 저는 이제야 소크라테스 님이 하고 싶은 말이 무엇인지 살짝 이해가 되는 것 같습니다. 그리고 계속 '아테네 시민 여러분'이라고 하던데 마지막에는 '배심원 여러분'이라고 하던걸요.

크리톤 그래? 그렇다면 오늘 소크라테스의 법정 진술이 헛되지는 않았군. 한 시민을 깨우쳤으니 말일세.

막시스 소크라테스 님은 이제 진짜 죽는 건가요? 어떤 사람들은 사형 선고를 받고 외국으로 도망치기도 한다면서요?

크리톤 소크라테스가 말하지 않았는가? 삶과 죽음 어느 쪽이 좋은지는 오직 신만이 안다고. 우리처럼 죽음을 두려워하는 사람이 저 친구의 깊은 속을 어찌 알겠는가?

영혼 불멸

〈소크라테스의 변명〉을 보면, 소크라테스가 죽음을 두려워하지 않는 장면이 더러 나옵니다. 소크라테스뿐 아니라 고대 그리스 시대 사람들은 죽음 이후의 세계가 있다고 믿었어요. 그래서 영혼은 인간이 살아 있을 때 육체 속에 갇혀 있지만, 죽으면 육체를 떠나서 어디든 갈 수 있다고 생각했지요.

소크라테스 역시, 삶이란 결국 잘 죽기 위한 것이며, 죽음은 끝이 아닌 영원한 삶과 자유의 시작이라고 생각했어요.

자크 루이 다비드가 1787년에 그린 〈소크라테스의 죽음〉이에요.

내가 모른다는 것을 아는 것

소크라테스는 평생 진리를 추구하는 삶을 살았어요. 소크라테스가 말하는 진리란 올바른 행동과 올바른 앎이지요. 앎은 곧 지혜에서 비롯되며, 지혜란 '아는 능력'이에요. 진정으로 지혜로운 사람은 자신이 아는 것과 알지 못하는 것이 무엇인지 정확히 인식하지요. 소크라테스는 '내가 모른다는 사실을 아는 것'을 매우 중요하게 여겼으며, 그것을 깨닫는 사람이 진정한 지혜를 가진 자라고 했어요.

소크라테스는 아테네 시민들이 자신의 무지를 깨닫고 진리를 추구하도록 돕는 것을 자신의 사명이라 여겼어요. 그래서 끊임없이 사람들에게 질문을 던지며 스스로 깨달음을 얻을 수 있도록 노력했지요.

소크라테스의 철학법은 아테네의 젊은이들에게 매우 신선하고 획기적인 사고 방식으로 보였어요. 그래서 소크라테스 주변에는 지혜를 배우려는 젊은이들이 자연스럽게 모여들었지요. 그러나 일부 사람들은 소크라테스가 아테네의 젊은이들을 타락시키고 있다고 판단해 위험한 존재로 여기기도 했어요.

9장
크리톤, 탈옥을 제안하다

재판에서 사형 선고를 받은 소크라테스는 감옥에 갇혔다. 재판이 끝난 지 한 달이 지났지만 아직 사형은 집행되지 않았다. 크리톤은 틈이 나는 대로 소크라테스를 찾아갔다.

동이 트기 전, 크리톤이 막시스에게 횃불을 들게 하고 소크라테스가 갇혀 있는 감옥으로 향했다.

막시스 크리톤 어르신, 한 달이 넘도록 사형 집행을 안 하는데 소크라테스 님을 풀어 주려는 걸까요?

크리톤 그러면 좋겠네만 아니야. 제를 지내러 델로스에 간 아테네 사절단의 배가 돌아오지 않아서 그래. 나라에 신성한 일이 있을 때는 사형 집행 같은 험한 일은 미루는 법이거든.

막시스 아, 그렇군요. 그럼 배가 언제 돌아오는데요?

크리톤 오늘.

막시스 헉! 오, 오늘이라고요? 그, 그럼······.

크리톤 곧 사형이 집행되겠지.

막시스 그런데 왜 소크라테스 님은 다른 나라로 도망치지 않는답니까?

크리톤 자신은 죄가 없다고 법정에서 보여 주지 않았는가? 죄가 없는데 도망을 간다면 죄가 있음을 인정하는 꼴이고 자신 또한 비겁한 자임을 인정하는 거지.

막시스 죄가 없는데도 죽음을 받아들인다고요? 저처럼 평범한 사람은 그게 무슨 마음인지 당최 모르겠네요.

크리톤 소크라테스는 죄가 없다고 주장하면서도 사형이라는 형벌을 내린 국가의 법을 지키려고 하는 것 같아. 아무튼 오늘이 마지막 기회야. 소크라테스에게 다시 탈옥을 얘기해 봐야지.

크리톤이 감옥을 지키는 간수에게 돈을 건네자 간수가 마지못한 듯 감방 문을 열어 주었다. 막시스도 졸래졸래 크리톤의 뒤를 따랐다. 소크라테스는 딱딱한 침대에 해진 홑이불을 덮고 평온한 얼굴로 잠들어 있었다. 크리톤이 잠든 소크라테스를 한참 바라보다 조심히 흔들어 깨웠다.

소크라테스 어, 크리톤 자네 왔는가?

크리톤 이런 상황에서도 편안하게 잠을 잘 수 있다니, 참 부럽네.

소크라테스 이 나이에 죽음을 두려워하는 것도 우습지 않은가? 그나저나 새벽부터 어쩐 일인가?

크리톤 오, 소크라테스. 자네에게 가슴 아픈 소식을 전하러 왔네. 델로스에 간 배가 오늘 도착한다고 하네. 어쩌면 내일이 자네 최후의 날이 될 걸세.

소크라테스 잘됐군, 크리톤. 그것이 신의 뜻이라면, 나는 즐거운 마음으로 맞이하겠네.

크리톤 친구여, 내 말대로 탈옥하세. 자네가 죽으면 나는 다시는 얻지 못

할 친구를 잃게 되네. 그뿐 아니야. 내가 자네 목숨보다 돈을 더 소중하게 여겨 친구를 구하지 않았다고 사람들한테 욕을 얻어먹을 거네.

막시스 맞습니다, 소크라테스 님. 저희 크리톤 어르신을 봐서라도…….

크리톤 소크라테스, 자네를 탈출시킬 돈은 충분하네. 자네 자식들이 허망하게 아버지를 잃게 할 텐가? 자식들 교육도 시켜야지. 오늘 밤이 마지막이야. 기회는 다시 오지 않아. 어서 결심을 하게.

소크라테스는 크리톤과 막시스의 애원에도 빙긋 웃기만 할 뿐이었다.

소크라테스 결과가 좋든 나쁘든, 나쁜 일을 해서야 되겠는가? 뭇사람들이 누군가에게 해를 입으면 그 상대에게 똑같이 해를 끼치려고 하네. 그 사람들처럼 악을 악으로 갚는 것이 옳은가?

크리톤 옳지 않네.

소크라테스 인간은 자신이 옳다고 생각하는 일을 해야 하는 게 맞나?

크리톤 맞네. 자신이 옳다고 여기는 일을 해야 하네.

소크라테스 그런데 감옥을 탈출한다면 나는 나쁜 일을 하는 것이 아닌가?

크리톤 휴…….

막시스 아이구 참, 지금 이럴 시간이 없는데…….

어둠 속에서도 소크라테스의 눈은 빛이 났다. 소크라테스는 조금도 서두르지 않고 자신의 생각을 조곤조곤 말했다.

소크라테스 내가 막 도망을 가려고 하는데, 나라의 법인 국법이 나에게 이렇게 물었다고 치세. "소크라테스, 당신은 법과 국가 전체를 쓰러뜨리려는 것인가?" 그럼 내가 "국가는 나에게 해를 입혔고 공정하지 못한 선고를 내렸소."라고 말해도 될까?

크리톤 말해도 되네, 소크라테스.

소크라테스 그러면 국법은 이렇게 말할 것이네.

"소크라테스, 당신은 우리에 의해 태어나고 자라고 교육되었으므로, 당신의 부모들과 마찬가지로 당신도 우리의 자녀라 할 수 있다. 우리는 부모나 조상보다도 훨씬 고귀하며 신성하다. 그래서 우리가 당신을 노여워한다면 아버지가 노여워할 때보다 더 순종해야 한다. 그런데도 당신이 우리에게 복종하지 않는다면, 당신은 우리의 명령을 따르겠다는 약속을 어기는 것이다. 심지어 당신은 우리의 명령이 옳지 않음을 설득하지도 않았다."

어떤가, 국법이 한 말이 옳은가, 그른가?

크리톤 옳은 것 같네.

소크라테스 내가 탈옥을 한다면 국법은 다음과 같이 말하겠지.

"소크라테스, 당신은 70년 동안이나 지켜 온 우리와의 약속을 깨려 한다. 당신은 어떤 아테네 시민보다도 더 아테네를 좋아했고, 우리들의 법률을 좋아했다. 당신은 약속을 저버리고 이 나라에서 탈출함으로써 당신 자신을 웃음거리로 만들지 말아야 한다."

크리톤 여태껏 자네는 만나는 사람마다 진리와 정의를 가지라고 떠들지 않았나? 정의를 위해서라면 악법에 맞서라 하지 않았나? 그러다 갑자기 국가와 법을 두둔하고 나서다니! 바로 그 국가가 지금 자네에게 죽음을 요구하고 있지 않은가? 그렇게 잘 알고 있으면서 왜 자네는 법정에서 설득하지 않았나? 지금 자네는 죽음을 기다리고, 나는 불명예를 기다리는 꼴이 되지 않았나?

이보게, 어서 여기서 도망치세.

소크라테스 나의 친구 크리톤. 내가 탈옥한다면 우스꽝스러운 모습으로 변장해야 할 걸세. 이 나이에 조금 더 살겠다고 그런 추한 욕심을 부리겠는가! 테살리아로 간다면 먹고살 수는 있을 테지. 그런데 정의와 덕에 대한 나의 신념은 어디로 갈까?

크리톤이 한숨을 내쉬며 고개를 끄덕였다. 소크라테스가 크리톤의 손을 가만히 잡으며 말했다.

소크라테스 내가 악은 악으로 갚고, 손해는 손해로 갚으면서 법률에 해를 끼치면서 살아간다면, 나는 법률의 적이 되고 말 걸세.

친애하는 크리톤, 내 귓속에서 속삭이는 국법의 목소리가 다른 소리를 듣지 못하게 하네. 자네가 아무리 다른 말을 하더라도 소용이 없네. 그러니 할 말이 있거든 해 보게.

크리톤 오, 소크라테스, 나는 할 말이 없네.

소크라테스 그렇다면 체념하게, 크리톤. 신의 뜻대로, 신이 이끄는 대로 따라가기로 하세.

<소크라테스의 변명> 깊이보기

악법도 법이다

   소크라테스를 상징하는 두 가지 말이 있는데, 그 하나가 '너 자신을 알라'이고, 다른 하나가 '악법도 법이다'입니다. '너 자신을 알라'가 소크라테스가 한 말이 아니듯, '악법도 법이다' 역시 소크라테스가 한 말이 아닙니다.

   고대 그리스와 로마에서 '아무리 불합리한 법이라도 법 체계를 지켜야 한다' 또는 '법은 엄하지만 그래도 법'이라는 말이 전해지기는 하지요.

   그렇다면 '악법도 법이다'라는 말은 어떻게 해서 소크라테스의 말로 굳어지게 된 걸까요? 이건 우리나라의 역사와 관련이 있습니다.

   일제 강점기 시절, 경성제국대학(현 서울대학교) 교수인 일본인 법철학자 오다카 도모오는 그의 책 《법철학》에서 '소크라테스가 독배를 든 것은 실정법을 존중해서 악법도 법이므로 지켜야 한다는 생각을 했다.'는 문장을 적었어요. 이 문장 속 '악법도 법'이라는 문구가 소크라테스가 한 말로 와전된 것이었지요. 하지만 오다카 도모오의 이 말은, 일본인이 만든 법을 조선인들은 지켜야 한다는 논리가 숨어 있기도 했지요. 이후 악법도 법이라는 개념은 독재 정권과 권위주의 정권을 정당화하는 논리로 사용되며 비판을 받았습니다.

델로스 섬의 델리아 축제

  플라톤의 〈크리톤〉을 보면, 소크라테스가 사형을 선고받은 지 한 달이 지났지만 사형 집행을 받지 않고 여전히 감옥에 갇혀 있는 장면이 나옵니다. 친구 크리톤은 델로스에 간 델리아 축제 사절단의 배가 아테네로 돌아오는 날, 소크라테스를 찾아가 탈옥을 권하지만 소크라테스는 이를 거절하지요.

  그렇다면 델리아 축제란 무엇일까요?

  지중해의 델로스 섬에서 열리는 델리아 축제는 그리스 전체에서 올림피아 제전의 규모와 맞먹을 정도로 큰 행사였어요. 그리스 신화의 영웅인 테세우스가 크레타의 괴물 미노타우르스를 죽이고 무사히 돌아온 것을 감사하기 위해서 아테네인들은 매년 델로스에 사절단을 보내 아폴론 신에게 제물을 바치는 풍습을 이어 갔어요.

  아테네 사람들은 이 행사를 매우 신성하게 여겼기 때문에, 배가 출발했다가 돌아올 때까지 도시를 청결하게 유지하고, 사형 집행 같은 험한 일도 금지했던 것이지요.

  소크라테스는 델리아 축제 덕에 비록 감옥에서지만 가족, 제자들, 친구들의 방문을 받으며 생의 마지막을 보낼 수 있었던 것입니다.

10장
진리를 지키고 죽음에 이르다

결국 크리톤은 소크라테스를 홀로 두고 막시스와 함께 감옥을 나왔다. 이제 막 해가 떠오르고 있었다. 크리톤이 흐느끼며 몸을 비틀대자 막시스가 뛰어와 크리톤을 부축했다.

막시스 크리톤 어르신, 괜찮으셔요?

크리톤 괜찮네, 괜찮아.

막시스 소크라테스 님은 정말 고집불통이십니다. 어르신은 소크라테스 님이 밉지도 않으세요?

크리톤 밉긴, 탈옥하자고 말한 내가 부끄럽네.

막시스 뭐가 부끄럽습니까? 죄 없는 친구의 목숨을 구하려는 것도 정의 아닌가요?

크리톤 허허, 자네도 철학자가 다 되었구먼. 글쎄, 무엇이 정의일까. 소크라테스가 목숨을 걸고서까지 지키려고 한 것을 내가 버리라고 한 것이 정말 정의로울까? 법에 인정받지 못하고 시민들에게서도 내쳐졌지만 소크라테스는 오히려 국법과 시민들이 함께 만들어 온 아테네의 전통과 가치를 지키려고 했어.

막시스 철학자들은 뭐가 그리도 복잡한지 원. 저라면 멀리 도망가서 아테네 쪽으로는 오줌도 안 눌 것 같습니다요.

크리톤 아테네는 오랜 시간 귀족들과 싸워 가며 힘들게 민주주의를 지켜 왔어. 그래서 그리스 전체에서 가장 자유롭고 개방적인 도시 국가가 되었지. 사람이 모이는 곳에서는 다양한 주제의 연설이 벌어지고 광장에서는 많은 재판이 열렸어. 연설에서 사람을 끌어모으고 재판에 이기기 위해서는 간사한 말솜씨가 필요하게 됐지. 법을 제멋대로 해석해서 유리하게 써먹는 사람들이 생기면서 법이 힘을 잃었어.

막시스 그러니까요, 소크라테스 님은 왜 불리한 법을 지키려는 건지 참 답답합니다.

크리톤 지켜야 하니까! 법을, 아테네를……. 소크라테스는 자신을 희생하면서까지 국법이 가진 존엄성을 보여 주려 한 거야. 그게 아테네와 아테네 시민 모두를 위한 일이니까.

막시스 결국 소크라테스 님의 짝사랑인 거네요?

크리톤 외롭고 쓸쓸하지만 정의로운 사랑인 셈이지.

델로스로 간 아테네 사절단의 배가 돌아왔다. 가족과 하룻밤을 보낸 소크라테스는 제자와 친구들이 보는 앞에서 독이 든 잔을 단숨에

들이켰다.

　소크라테스는 죽기 전, 영혼은 영원히 사라지지 않는다며 제자와 친구들을 안심시켰다. 크리톤은 소크라테스의 부릅뜬 눈을 손으로 감기며 눈물을 흘렸다.

　소크라테스의 죽음은 아테네에 큰 충격을 주었다. 소크라테스의 사형이 옳은지 그른지를 두고 아테네 전체가 떠들썩했다.

크리톤은 마음을 추스르지 못한 채 집 안에만 머물렀다. 그때 대문이 벌컥 열리더니 막시스가 숨을 헐떡이며 들어왔다.

막시스 크리톤 어르신! 난리가 났어요.

크리톤 왜 이리 호들갑인가? 무슨 일이야?

막시스 죄도 없는 소크라테스를 죽게 했다고 성난 군중들이 멜레토스와 아니토스, 리콘을 고발했답니다. 재판이 벌어진다고 하는데, 어르신도 같이 가셔야죠!

크리톤 아테네가 또 한 번 시끄럽겠군. 소크라테스가 걱정하던 일이 벌어진 거야.

막시스 멜레토스 무리가 뭐라고 변명할지 궁금하지 않으십니까?

크리톤 난 재판 보러 가지 않겠네. 군중들의 변덕스러운 모습에 정나미가 떨어지는군.

막시스 그럼 저 혼자 다녀옵니다!

아테네 시민들은 소크라테스를 사형에 처한 일을 후회했다. 소크라테스의 죽음을 슬퍼하며 체육관과 경기장, 극장의 문을 닫고 소크라테스를 추모했다. 아고라 광장에는 소크라테스의 동상이 세워졌다. 성난 군중은 멜레토스를 사형에 처하고, 아니토스와 리콘을 추방했다.

스승 소크라테스의 죽음을 눈앞에서 본 플라톤은 가문이 바라던 정치인이 아닌 철학자의 길을 택했다. 소크라테스의 제자들은 아테네에서 가장 지혜롭고, 가장 정의롭고, 가장 도덕적인 소크라테스를 기리며 스승의 철학과 사상을 이어 가고자 했다. 그리스 곳곳에서 소크라테스의 사상을 이어받은 철학 학파가 생겨나 정의와 도덕을 실천하고 전했다.
아테네를 포함한 그리스 전체에 학문의 황금시대가 찾아왔다.

〈소크라테스의 변명〉 깊이보기

세계 4대 성인

　인류의 역사에서 가장 우러르고 본받을 만한 사람 네 명을 '세계 4대 성인'이라고 해요. 불교의 창시자 석가모니, 기독교의 창시자 예수, 동양 철학인 유교의 창시자 공자, 그리고 서양 철학의 기초를 다진 소크라테스예요.

　4대 성인의 공통점은 자신이 직접 저술한 책이 없다는 것이에요. 이들의 사상과 가르침은 제자들에 의해 기록되어 책으로 남았고, 현재까지도 인류의 정신과 일상생활에 영향을 미치고 있지요.

　특히 소크라테스는 인간 그 자체를 철학의 문제로 탐구한 최초의 철학자예요. 그의 철학은 플라톤과 아리스토텔레스에게 이어져 서양 철학의 토대를 이루었고 현대의 철학, 정치학, 윤리학, 논리학 등에 많은 영향을 끼치게 되었답니다.

프랑스 루브르 박물관에 있는 소크라테스 대리석 상이에요.

아테네의 멸망

　아테네와 스파르타가 맞붙은 펠로폰네소스 전쟁은 스파르타의 승리로 끝났지만, 수많은 도시 국가들의 국력을 크게 떨어뜨렸어요. 폴리스들은 세력을 확대하려 또다시 전쟁을 벌였고, 결국 그리스 전체가 혼돈의 시대로 접어들게 되었지요.

　이때 그리스 북부의 마케도니아가 점차 힘을 키우기 시작했어요. 마케도니아 왕 필리포스 2세는 기원전 338년, 아테네를 비롯한 다른 폴리스들을 멸망시켰어요. 이 무렵, 플라톤의 제자인 아리스토텔레스가 마케도니아에서 한 왕자를 가르치게 되는데, 그가 바로 알렉산더 대왕이에요.

　알렉산더는 왕이 된 후 그리스 전체를 지배하게 되고, 그리스의 숙적인 페르시아를 정복한 뒤 이집트와 인도 등으로 동방 원정을 떠나요. 하지만 광대한 정복을 뒤로 한 채 이른 나이에 세상을 떠나고 말지요. 알렉산더 대왕의 죽음과 함께 그리스 역시 점차 힘을 잃어 갔어요.

　아테네와 그리스 폴리스들은 그 후 오랜 시간 동안 로마 제국과 이슬람 제국 등의 지배를 받다, 19세기에 이르러 마침내 그리스로 독립하게 되었어요.

　그럼에도 불구하고 아테네를 중심으로 한 그리스 문명은 서양 문명의 요람으로 여겨지며, 오늘날까지도 많은 영향을 미치고 있답니다.

참고문헌

《교과서에 나오는 위대한 인물 : 소크라테스》 이효성, 삼성당, 2007

《왜 아테네는 펠로폰네소스 전쟁에서 졌을까?》 육혜원, 자음과모음, 2010

《소크라테스의 변명》 플라톤, 문예출판사, 2014

《소크라테스의 변명 외》 플라톤, 범우사, 2016

《소크라테스의 변명, 진리를 위해 죽다》 안광복, 사계절, 2017

《명문대 입학 철학만화 : 소크라테스의 변명》 드림아이, 아들과딸, 2020

《현대인을 위한 서양철학사》 양해림, 집문당, 2020

《소크라테스 익스프레스》 에릭 와이너, 어크로스, 2021

《그래픽노블로 만나는 가장 지혜로운 사람 : 소크라테스》 프란체스코 바릴리, 딸기책방, 2022